Herder Taschenbuch 1560

Über das Buch

Manche von uns mögen wissen, wo Ostfriesland liegt. Einige kennen es wegen seiner schönen Inseln. Zu einer Landschaft gehören aber auch ihre Bewohner. Dabei genügt es nicht, zu wissen, daß die Bayern das Bier, die Rheinländer den Karneval und die Ostfriesen den Tee als ihr Markenzeichen haben. Es geht darum, zu erfahren, wie die Menschen sind. Einen besonderen Zugang zu ihnen findet man über den Humor. Auch die Ostfriesen haben ihn. Leider wird er durch die dummen „Ostfriesenwitze" verfälscht. Der Autor dieses Buches hat als evangelischer Pastor ostfriesischen Humor selbst erlebt, ihn zu Geschichten verdichtet und andere Erzählungen gesammelt. Viele seiner Geschichten wurden ursprünglich plattdeutsch geschrieben, einige davon hat er jetzt ins Hochdeutsche übertragen, damit viele Menschen ihre Freude an Ostfriesland und seinen Ostfriesen haben sollen. Bösartiger Humor tut weh, echter Humor wärmt Herz und Gemüt.

Über den Autor

Gerrit Herlyn wurde 1909 in einem kleinen Dorf Ostfrieslands geboren, wuchs dort zweisprachig auf, kehrte nach der schulischen Ausbildung und dem Studium als Pastor in seine Heimat zurück. Er veröffentlichte viele hochdeutsche und plattdeutsche Erzählungen, ist ein bekannter Autor plattdeutscher Andachten im Rundfunk, Mitherausgeber des hochdeutsch-plattdeutschen Wörterbuches von Dr. Buurman in 12 Bänden, übersetzte das Neue Testament und die Psalmen in seine Muttersprache. Er wurde u. a. ausgezeichnet mit dem Bundesverdienstkreuz und der Ubbo-Emmius-Medaille.

Gerrit Herlyn

Ostfriesland, wo liegt denn das?

Ein humorvoller Reiseführer

Herder Taschenbuch Verlag

Originalausgabe
erstmals veröffentlicht als Herder-Taschenbuch

Buchumschlag: Michael Ryba

1. Auflage Juli 1988
2. Auflage Januar 1989
3. Auflage November 1989
4. Auflage Januar 1991

Alle Rechte vorbehalten – Printed in Germany
© Verlag Herder Freiburg im Breisgau 1988
Herder Freiburg · Basel · Wien
Herstellung: Freiburger Graphische Betriebe 1991
ISBN 3-451-08560-7

Inhalt

Ostfriesland, wo liegt denn das? 7
Tee-ologie 11
Dicke Kluntjes 15
Harren wi noch man 'n Lüttje! 17
Swienslachten 22
Alles hat seine Zeit, auch Reden und Schweigen . . . 28
Plattdeutsch – hochdeutsch 33
Ostfriesland und das „Ausland" 39
Von der deutsch-niederländischen Grenze 45
Auf dem Bahnhof und im Zug 47
Verwandtschaft 50
In der Schule – auf dem Schulhof 52
Angst vor Wasser? 55
Wenn's um Geld geht 59
„Kennen Sie Pontius Pilatus?" 65
Schuhe aus Krokodilleder 68
Pastoren 71
Predigtgabe 77
„Pastor is 'n Lümmel!" 80
Pastor is ja so verkollen 83
Pastoren und Schafe 85
Kollekten 88
Klingelbeutel 92
Organisten 95

Von Liebe, Verlobung und Heirat 97
Wer hat das Sagen im Haus? 101
Von den Insulanern 104
Alle Menschen müssen sterben 106
Von Soldaten 110
Menschliches, allzu Menschliches 112
O, diese Ostfriesen! 117

Ostfriesland, wo liegt denn das?

Über eine lange Zeit hinweg habe ich zusammen mit meiner Frau meinen Jahresurlaub in Locarno im Tessin verlebt. Dadurch ergaben sich im Laufe der Zeit mancherlei Kontakte, besonders mit der dortigen deutschsprachigen protestantischen Kirchengemeinde. So blieb es nicht aus, daß ich gebeten wurde, in der Kirche von Minusio einen Gottesdienst zu halten.
Vor Beginn des Gottesdienstes bat mich ein Mitglied des Presbyteriums, ich möchte mich der Gemeinde mit meinem Namen vorstellen und sagen, aus welchem Teil der Bundesrepublik Deutschland ich käme.
Auf meine erstaunte Frage, ob und warum das wichtig wäre, erhielt ich den Bescheid, daß die Gottesdienstbesucher bei solchen Gelegenheiten immer wieder in Versuchung gerieten, mehr darüber nachzudenken, aus welchem Land der Prediger (aufgrund seiner Aussprache) käme, als auf den Inhalt der Predigt zu achten. Hinterher ergäben sich gerade darüber heftige Debatten, weil man sich nicht einig werden könnte.
Daraufhin stimmte ich zu. Herr Lüthi, der meinen Namen bereits kannte, fragte mich: „Und woher sind Sie?" Ich antwortete: „Ich komme aus Ostfriesland." Ganz verwundert fragte er zurück: „Ostfriesland? Wo liegt denn das?" Bereitwillig gab ich Antwort und bemerkte sehr schnell die Schwierigkeit, die er hatte, Ostfriesland im nordwestlichen Teil der Bundesrepublik Deutschland unterzubringen, und hatte eigentlich nun erst recht Bedenken, meine Heimat auch noch öffentlich ins Spiel zu bringen. Aber ich war je-

denfalls gewarnt, nicht allzu viel an Wissensstand der Gemeinde auf diesem Gebiet vorauszusetzen.
Nach Beendigung des Gottesdienstes wartete am Ausgang der Kirche ein Herr auf mich. Er hatte offensichtlich etwas auf dem Herzen und rückte auch gleich damit heraus: „Sagen Sie mal, Herr Pastor, sind Sie wirklich ein Ostfriese?" Ich wunderte mich, wie er daran zweifeln könnte, da ich es doch ausdrücklich gesagt hätte. Er murmelte verlegen etwas vor sich hin, und ich verstand etwas von einer inhaltlich guten Predigt, die ich gehalten hätte, auch die hochdeutsche Aussprache wäre einwandfrei gewesen. Doch dann wurde er deutlicher: „Können alle Ostfriesen so reden wie Sie?" Mir ging ein Licht auf, und darum fragte ich zurück: „Kennen Sie denn überhaupt Ostfriesen?" Und nun kam es heraus: „Ja, allerdings, von den Ostfriesenwitzen", aber sofort fügte er hinzu: „damit tut man den Ostfriesen wohl offensichtlich Unrecht. Ich habe nachträglich geradezu ein schlechtes Gewissen, wenn ich daran denke, daß auch ich solche Witze erzählt und über sie gelacht habe. Ich möchte Ihnen am liebsten versprechen, das in Zukunft nicht wiederzutun."
Ich lud den Herrn ein, mitzukommen zum sogenannten Kirchenkaffee, der jedesmal nach dem Gottesdienst im Gemeindehaus gereicht wurde. Dort nahm ich Bezug auf dieses Gespräch an der Kirchentür und versuchte den Anwesenden den Unterschied deutlich zu machen zwischen einem Witz und einer humorvollen Erzählung. Ein Witz ist oft genug nur der übriggebliebene, auf intellektuellem Wege gewonnene Extrakt einer Begebenheit, dargeboten in der Hülse eines mehr oder weniger geistreichen Wortspiels. Die Menschen und ihre Umgebung sind mehr oder weniger austauschbar, und so können diese Witze unabhängig von Zeit und Raum eigentlich überall erzählt werden. Die eigentliche Pointe geht verloren, weil der Sitz im Leben nicht mehr vorhanden ist und die handelnden und sprechenden Personen werden zu hageren Gestalten ohne Fleisch und Blut.

Die sogenannten Ostfriesenwitze leiden besonders an dieser Mangelerscheinung. Der Stoff, aus dem sie sind, ist derselbe, aus dem die Schweizer ihre „witzigen" Bemerkungen über die Appenzeller und die Österreicher über ihre Landsleute im Burgenland machen. Ihnen allen fehlt die befreiende Wirkung, die sich in einem herzhaften Lachen äußert. Übrig bleibt oft genug nicht mal mehr ein verstehendes Schmunzeln, dafür eher ein verlegenes Schweigen. Humor wird zur billigen Possenreißerei und gibt die Personen, von denen erzählt wird, der Lächerlichkeit preis. Bei der Frage, warum bei uns ausgerechnet die Ostfriesen für dieses Martyrium herhalten müssen, habe ich nur die Erklärung, daß Ostfriesland für die meisten so abgelegen ist wie böhmische Dörfer. Erst der heutige Tourismus hat dazu beigetragen, dieses Land und seine Leute besser bekannt zu machen.
In der Versammlung im Gemeindehaus von Minusio bot ich nun an, Humorvolles von Ostfriesland und den Ostfriesen zu erzählen, wenn man mir vorher einen Ostfriesenwitz zum Besten geben würde. Es entstand eine gewisse Verlegenheit; keiner wollte mit der Sprache heraus. Dabei wollte ich an einem Beispiel deutlich machen, was mir am Herzen lag, und ließ von dieser Bedingung nicht ab. Schließlich gab dann jemand einen Ostfriesenwitz von sich, und ich mußte mein Versprechen einlösen.
Bei der Gelegenheit habe ich natürlich gespürt, was verlorengeht, wenn ich meine Geschichten nicht in meiner plattdeutschen Muttersprache erzählen kann. Ich habe dann das Plattdeutsch auf die direkte Rede beschränkt und in besonderer Weise dabei „Ostfriesizismen" vermieden. Man muß wissen, daß die ostfriesische Sprache nicht nur ein Dialekt innerhalb des Plattdeutschen ist, sondern daß in ihr noch eine große Zahl von Wörtern lebendig ist, die aus dem Friesischen stammen.
Aus dieser Erfahrung habe ich den Mut gewonnen, auf die Anfrage des Herder Taschenbuch Verlags einzugehen und dieses Büchlein zu schreiben. Dabei ist mir bewußt, daß das Schreiben eine weitere Einschränkung gegenüber dem Er-

zählen bedeutet. Aber ich sehe darin auch eine Chance, das Bild über Ostfriesland und die Ostfriesen zurechtzurücken. Es gibt nun mal Schwaben und Franken, Rheinländer und Westfalen, Hamburger und Berliner, und es gibt Ostfriesen. Sie alle sind artverschieden, ohne daß man dadurch etwas über ihre Qualität aussagt. Der Humor scheint mir ein Weg zu sein, dem auf die Spur zu kommen, worin sich jeweils das Besondere ihrer Menschlichkeit manifestiert.

Ostfriesland, wo liegt denn das? Es ist gar nicht so wichtig, wo es liegt. Wer es genauer wissen will, kann dies leicht anhand einer Landkarte feststellen. Aber wer und wie die Ostfriesen sind, das möchte ich den Lesern gerne mit meinen Geschichten deutlich machen.

„Sind Sie ein Ostfriese?", so bin ich in der Schweiz gefragt worden. Ich bin es und sehe darin kein Hindernis, von den Ostfriesen und also weithin von mir zu erzählen. Ich halte mich dabei an ein Wort von Goethe

„Wer sich nicht selbst zum Besten haben kann,
der ist gewiß nicht von den Besten."

Ich liefere den Lesern keine Photos, an denen man ablesen kann, wie jemand *aussieht,* sondern lieber Porträts, die vermitteln wollen, wie jemand *ist*.

Tee-ologie

Die Ostfriesen sind Deutschlands Teetrinker Nr. 1. Etwa ein Viertel des gesamten Teekonsums in der Bundesrepublik fällt auf Ostfriesland, obwohl die Ostfriesen nur etwa zwei Prozent der Gesamtbevölkerung ausmachen.
Daß in Ostfriesland so viel Tee getrunken wird, hängt mit dem Wasser zusammen. Überall in der Welt, wo das Wasser wenige Härtegrade aufweist, wird Tee getrunken, weil Tee mit weichem Wasser eine bessere Verbindung eingeht. Das gilt besonders für die Gebiete, in denen es kein Quellwasser gibt; hier ist man auf Regenwasser angewiesen.
Dabei bleibt Tee in Ostfriesland ein Genußartikel, und eine Teestunde ist immer ein Höhepunkt im familiären wie gesellschaftlichen Bereich, auch wenn sie sich im Laufe eines Tages noch so oft wiederholt. Dem wird schon in der Zubereitung und in der Art und Weise, wie der Tee angeboten und getrunken wird, Rechnung getragen. Ein bestimmtes Ritual wird dabei eingehalten, und alles gleicht einem Zeremoniell. Dazu braucht man Zeit, viel Zeit sogar, und so entwickelt sich das, was man ostfriesische Gemütlichkeit nennt. Sicherlich sind manche Geschichten dieses Buches nur denkbar als in einer solchen gemütlichen Teestunde erzählt.
Bei der Zubereitung spielen neben der Teesorte „Ostfriesische Mischung", die aus bis zu 20 verschiedenen Teesorten gemischt ist, der Kluntje (Kandis) und der Rohm (Rahm, Sahne) eine wichtige Rolle.
Der Tee wird in einem Treckpott (Ziehtopf), der in der Öffnung eines Teekesels (Teekessel) voll kochenden Wassers steht, zubereitet. Die Teeblätter in dem Treckpott werden

mit heißem Wasser übergossen, so daß die Teeblätter gerade bedeckt sind. „Man dürt de Tee neet versupen (ertränken)!" Von diesem Sud wird eine kleine Menge über den in der Teetasse befindlichen Kluntje gegossen, der unter der plötzlichen Hitze knisternd zerspringt. Mit kochendem Wasser wird das Koppke (Tasse) aus feinem Porzellan bis zur Dreiviertelhöhe nachgefüllt. Über den Teespiegel wird dann die Sahne mit einem Sahnelöffel vorsichtig ausgebreitet, so daß eine kleine, schwimmende Wolke entsteht.

Der Tee wird eher geschlürft – allerdings ohne störende Nebengeräusche – als getrunken. Einen Löffel zum Umrühren benötigt man nicht. Zuerst empfindet man auf diese Weise den herben Teegeschmack, der dann langsam durch die hinzukommende Sahne gemildert wird. Erst der letzte Schluck vermittelt den höchsten Genuß von Tee, Sahne und Süßigkeit.

Das Ideal in der Teebereitung ist erreicht, wenn „de Tee as Ölje, de Kluntje as 'n Sliepsteen un de Rohm 'n Wulkje is" (Tee wie Öl, der Kluntje wie ein Schleifstein, die Sahne wie eine Wolke).

Das bedeutet im Klartext, daß der Tee wie Öl über die Zunge gleitet, der Kluntje so groß ist, daß er mit der Spitze so weit aus der goldgelben Masse herausragt, daß eine Fliege sich trockenen Fußes darauf niederlassen kann, und daß die Sahne darüberschwebt wie eine zarte Wolke. Wer die Sahne in den Tee hineinplanscht, riskiert damit, daß nicht eine zarte Wolke oder auch Blume entsteht, sondern allenfalls ein Gebilde, das sich mit einem Duuvscheet (Taubenschiß) vergleichen läßt.

„Tee is Salv för de Liev" (Tee ist Salbe für den Körper). Er muß so stark sein, „dat man hum vör de Güt ofsnieden kann" (daß man ihn vor dem Ausguß abschneiden kann). Schwacher Tee ist verpönt als Lechtmaan (Neumond), Schöttelwater (Abwaschwasser) oder auch Ofsuupsel (Abgetrunkenes).

Da ein alter Wahlspruch der Friesen lautet „dree is Ostfre-

senrecht", beschränkt sich der Verzehr normalerweise auf drei Tassen.
Als meine Kinder ins Studium zogen, gehörten bei allen zur Erstausstattung, damit sie in der Fremde ihren Tee bereiten konnten, ein Teekessel, ein Teetopf, ein Kluntjetopf, ein Teesieb, ein Sahnelöffel und einige Teetassen, darunter mindestens eine mit der Aufschrift: „Ostfriesische Gemütlichkeit hält stets ein Täßchen Tee bereit." So konnten sie jeden Tag damit beginnen, am frühen Morgen die Lebensgeister wachzurufen, indem sie vor dem Frühstück ihre drei Tassen Tee genossen.
Und auf ihren Studentenbuden haben sie mit Hilfe dieses Zaubertranks immer Gäste bewirten und erquicken können; sie wurden ein Anlaufpunkt für viele, die noch einen Sinn hatten für Gemütlichkeit und das Bedürfnis, bei aller Betriebsamkeit einmal auszuspannen und Zeit zu haben zu Gesprächen und Dingen, die andere vielleicht als Zeitvergeudung ansehen mögen.
Vielleicht versteht man, daß der liebste Buchstabe der Ostfriesen der Buchstabe T ist und daß sie von den Forderungen der französischen Revolution sich besonders angesprochen fühlen durch das Wort liberté, das sie verstehen als „lieber Tee".

Der alte Meinders gehörte noch zu der Sorte von Pastoren, die gerne und oft Gemeindebesuche macht. So kehrte er auch bei einer alten Frau ein, die es sich nicht nehmen ließ, sofort das Teewasser aufzusetzen. Sie wußte, daß man mit Teetrinken einen Gast ziemlich lange zum Bleiben verleiten konnte.
Als sie die erste Tasse Tee eingeschenkt hatte, schob sie dem Pastor die Sahnekumme zu, aus der er sich selbst bedienen könne. Der Pastor nahm einen gehäuften Löffel voll Sahne, was Geeskemöh mit Schrecken sah. Sie konnte es nicht lassen, sich dazu zu äußern: „Herr Pestoor, t'is schier (ausschließlich) Rohm" und hoffte wohl, der Pastor würde sich nun mit einem halben Löffel voll begnügen. Sie er-

reichte aber das Gegenteil, denn Pastor Meinders entgegnete: „So, 't is Rohm? Dann will ik mi noch man 'n Lepel vull nehmen."

Einmal kam Pastor Meinders in ein Haus, in dem es nicht gerade reinlich aussah. Mit Sorge sah er die Tassen, die auf dem Tisch standen, und machte sich Gedanken, wie er sie am besten benützen könnte. Schließlich sagte er sich, du trinkst dort aus der Tasse, wo der Griff befestigt ist. Als nun die erste Tasse Tee eingeschenkt war und jeder sie zum Munde führte, benutzte Pastor Meinders die Tasse so, wie er es sich ausgedacht hatte. Da rief auf einmal die Oma: „Oh, Pestoor, Se maken dat ja nett (gerade) so as ik. Ik drink mien Tee ok alltied (auch immer) over't Ohr!"

Ein Gast fragte einen Ostfriesen, warum er zum Frühstück, Mittagessen und beim Abendbrot ein Tischgebet spräche, aber nie beim Teetrinken, wo doch das Teetrinken für die Ostfriesen fast so etwas wie die Hauptmahlzeit wäre. Darauf antwortete der Ostfriese treuherzig: „Dat bruken wi neet, Tee is uns leve Heer (unser Herrgott) de Oostfresen schüllig (schuldig)."

Wer hat es besser – Tee oder Kaffee? Antwort:
„Koffje! Koffje kann sük setten, man Tee mutt trecken" (Kaffee kann sich setzen, Tee muß ziehen).

Dicke Kluntjes

Zum ostfriesischen Tee gehört der Kluntje mit seiner herzhaften Süßigkeit. Er muß wie die Spitze eines Eisberges aus dem goldbraunen Getränk hervorragen. Der dickste Kluntje gehört jeweils dem Gast, den man auf diese Weise besonders ehrt.

Eine Mutter erwischte noch gerade ihren Jungen, wie er den dicksten Kluntje aus dem Kluntjepott, der auf dem Küchentisch stand, herausfischte und in den Mund steckte. „Geev de Kluntje weer her", schalt sie den Jungen, „de is doch för Unkel Pestoor, de dameet (nachher) up Visiet (Besuch) kummt." Der Junge mußte den Kluntje wieder herausrücken und in den Kluntjepott zurücklegen.

Der Pastor war nach einer Beerdigung noch zu der anschließenden Teetafel gegangen. Mit Schrecken sah er, daß der Mann, der die Gäste bediente, nicht gerade die saubersten Finger hatte. Als er sich nun dem Pastor näherte und mit seinen Fingern in dem Kluntjepott herumgrubbelte, um das dickste Stück für den Pastor zu wählen, hielt der Pastor schnell seine Hand über die Tasse und sagte freundlich, aber bestimmt: „Ik danke för Söt (Süßes)!" Aber der ließ sich nicht aus der Ruhe bringen und meinte: „Och, Herr Pestoor, wenn Hör de Kluntje to groot is, dor weet ik wall Raad (Rat)", nahm das Kandisstück zwischen seine Zähne und biß es mitten entzwei. Der Pastor wagte nicht ein zweites Mal, seine Hand über die Tasse zu halten, und gab seinen Widerstand auf.

Vormittags in der Kirche war Kindtaufe gewesen. Nachmittags versammelte sich die Tauffamilie zu einer kleinen Feier. Die Mutter stillte zunächst noch ihren Säugling, doch dann stand sie auf, um die Bewirtung der Gäste selber in die Hand zu nehmen.
Zuerst wollte sie natürlich den Pastor bedienen. Sie ging auf ihn zu, nestelte an ihrer Bluse herum und zog aus dem Innern ein leinenes Säckchen mit Kluntjes hervor. Der Pastor machte große Augen, aber die Mutter erklärte ihm: „Weten Sie, Herr Pestoor, mien Kluntjepott is alltied leeg (leer), wenn ik hum in Köken (Küche) stahn laat. De Kinner könen dor neet van ofblieven (wegbleiben). Man hier bi mi, dör bünt de Kluntjes seker upburgen (geborgen), dor kummt so licht gien een bi."
Inzwischen war der Tee eingeschenkt, und nun kam die Mutter noch einmal zu dem geistlichen Herrn: „Se nehmen doch ok seker 'n bietje (ein bißchen) Melk?" „Ja, seker", antwortete der Pastor, „man laten Se dat ditmal man lever – ik bün eentlik (eigentlich) blot Kohmelk (Kuhmilch) wennt (gewöhnt)."

Harren wi noch man 'n Lüttje!

So singen die Ostfriesen gerne bei gesellschaftlichen Zusammenkünften:
"Harren wi noch man 'n Lüttje,
harren wi noch man 'n Lüttje,
harren wi noch man 'n Emmer (Eimer) vull!"
Das zeigt, daß man hierzulande nicht nur Tee trinkt, sondern daß hier auch dem Alkohol gerne zugesprochen wird. Wein und Bier sind dabei weniger gefragt als starke Getränke, ein steifer Grog, 'n Lüttje (einen Kleinen), 'n Klaren, 'n Söppke (Schluck) oder ein Krüden (Kräuterschnaps); als Sammelbegriffe werden die Worte Kuur oder Janever (Genever) gebraucht. Bei vielen gehört zum regelmäßigen Tagesablauf der Elführtje, der um 11 Uhr eingenommen wird.
Einen besonderen Platz nimmt der Brannwienskopp ein, der allen Gästen anläßlich der Geburt eines Kindes oder bei der Tauffeier angeboten wird. Tagelang vorher werden Rosinen in Branntwein angesetzt, der zur gegebenen Zeit mit Schnaps aufgefüllt wird. Im Volksmund wird dieses Getränk Sienbohnsopp (Rosinenbohnensuppe) oder auch Kinnertöhn (Kinderzehe) genannt.
Wenn einer sich zu sehr mit Jan un Evert (Wortspiel zu Genever) anfreundet, wird gesagt: "Jan un Evert hebben hum unner."
Das traf früher einmal für ein ganzes Dorf zu, mit Namen Manslagt. Es trafen bei der Kornbrennerei Doornkaat so viele Bestellungen ein, daß man sich bei der Firma in Norden nur wundern konnte: "Wat de Manslagters blot mit all

de Kuur maken, de schrubben (reinigen) ja wall hör Straten dormit!"
Als diese Firma einmal Jubiläum feierte, traf dort auch ein Telegramm ein mit den zwei Worten: „Vivat Doornkaat." Die Geschäftsleitung benutzte die Gelegenheit und schickte dem Absender fünf Faß (fiev Fatt) ihres Produktes zu.

In einem Lokal hielt jemand einen Vortrag über die schädlichen Folgen des Alkoholgenusses. Um sie zu demonstrieren, stellte er zwei Gläser vor sich auf den Tisch. In das eine goß er klares Wasser, in das andere reinen Schnaps. Dann entnahm er einer mitgebrachten Schachtel einen Regenwurm und ließ ihn in dem Glas mit Wasser herumschwabbeln. Die Lebenslust und -freude des Tieres war unverkennbar. Danach nahm er den Wurm wieder heraus und ließ ihn in das Schnapsglas fallen. Der Wurm war wie benommen, zappelte ein paarmal und sank dann leblos auf den Grund des Glases nieder.
Kaum war die Vorstellung bis zu diesem Punkte gediehen, rief einer der Anwesenden dem Wirt zu: „Brengen Se mi twee Buddels Kuur!"
Der Vortragende war entsetzt und wies noch einmal mit Nachdruck auf die Folgen von übertriebenem Alkoholgenuß hin und fragte den Betreffenden, wie er unter diesen Umständen zwei Flaschen Schnaps bestellen könnte. Darauf bekam er die Antwort: „Ick hebb dat good begrepen, wat Se uns verklaren wullen, un jüst darum will ik twee Buddels Kuur hebben. De nehm ik mit na Huus för mien Frau! Weten Sie, de litt (leidet) so unner Wurms."

Nach einer kleinen Geburtstagsfeier mit dem üblichen Tee gab es zu Ehren des Geburtstagskindes, der alten Großmutter, noch ein Schnäpschen. Der Sohn nahm sein Glas zur Hand und ermunterte die Anwesenden zu einem Schluck mit den Worten: „Na, dann Prost!" Da fiel sein Blick auf den anwesenden Pastor, und er dachte, für den wäre dieser Zuspruch wohl zu ordinär. Er faßte sich ein Herz und sagte„ Un för Hör, Herr Pestoor, Propst!" Der Pastor fragte erstaunt: „Wo komen Se dor dann bi? Ik bün doch blot Pestoor un gien Propst?" „Och, Herr Pestoor, dat Prost kwamm mi so weltlich vör, man 'n Propst, doch ik, de gifft dat doch in Kark (Kirche). Un nu laten Se 't man good wesen, wenn Se ok noch gien Propst bünt (sind), dat könen Se doch noch worden, un darum ‚Propst', Herr Pestoor!"

Der Arzt hatte Harm Franzen ermahnt, etwas vorsichtiger mit dem Schnaps umzugehen. Er wolle ihm allenfalls genehmigen, jedes Mal nach dem Essen sich ein kleines Gläschen zu Gemüte zu führen.
Schon am nächsten Tag griff Franzen vormittags wieder zur Flasche. Seine Frau ermahnte ihn: „Wat hett de Dokter seggt? Denk doran! Blot na't Eten sallst du 'n Söpke nehmen!"
Darauf meinte Franzen: „De Dokter kann wall wat seggen! Well kann dat dann vullhollen, de hele Dag allmanan (den ganzen Tag immerzu) eten!"

„Herr Dokter, ik bün wiß (gewiß) krank. Unnersöken Se mi doch mal, und dann seggen Se mi man driest (frei heraus) de Wahrheid! Man neet up Latiens, so as ji Dokters dat alltied doon, dor kann ik neet völ mit anfangen. Seggen Se mi dat doch up düts!"
Nach eingehender Untersuchung sagte der Arzt dem Patienten auf den Kopf zu: „Se drinken tovöl Kuur. Mit een Woord geseggt, Se willen 't ja so hebben, Se bünt 'n olle Suuppüll (Säufer). Laten Se de Düvelsdrank doch stahn!"
Der Patient bedankte sich bei seinem Arzt für die Auskunft: „Ik bün blied (froh), dat Se mi de Wahrheid seggt hebben. Man nu seggen Se mi dat ok noch eevkes up Latien, dat ik mien Frau dat ok seggen kann, wat Se bi mi utfunnen hebben."

Delftspucker hießen sie, jene Männer, die stundenlang am Delft, einem Teil des Hafens in Emden, standen, sich etwas erzählten, Pfeife rauchten und ins Wasser schauten. Sie warteten auf Gelegenheitsarbeit, die sie aber nur annahmen, wenn ein entsprechendes Trinkgeld dabei abfiel, das sie sofort in Schnaps umsetzten, den sie gemeinsam genossen.
Einmal kam einer von solcher Dienstleistung zurück mit einer Flasche Schnaps. Er öffnete die Flasche und wollte den Korken übers Geländer ins Wasser werfen. Dabei entglitt die Flasche seinen Händen und ging vor den Augen seiner Kollegen unter. Traurig und zornig schaute er hinterher: „Versupen wullen wi di ja, man dat harr ik mi heel anners docht!"

Sehr zum Leidwesen seiner Frau ging Fiepko Balsters öfter in die Dorfschenke, um sich einen Doornkaat zu genehmigen. Seine Frau ließ ihm das Vergnügen, ärgerte sich aber, wenn er besonders am Sonntagnachmittag ausging, weil er dann immer sehr spät wieder nach Hause kam.
An einem Montag entdeckte sie beim Säubern der Sonntagsjacke ihres Mannes einen Zettel, auf dem verzeichnet stand, was ihr Mann verzehrt hatte. Sie las: 1 Doornkaat, 1 dito, 1 dito, 1 dito."
Als ihr Mann abends nach Hause kam, fuhr sie ihn an: „So wied is dat nu al bi di. Ik weet genau Bescheed, du drinkst ja neet blot Doornkaat, man ok noch Dito!"

Ein Pastor machte seinem Küster Vorhaltungen, der gerne und manchmal über Gebühr Alkohol zu sich nahm. Bei einer Auseinandersetzung sagte der Pastor: „Dat Supen muß verboden worden!" Der Küster entgegnete, daß auch der Pastor doch sein Gläschen tränke bei Hochzeiten oder Tauffeiern. „Ja", entgegnete der Pastor, „*een* Glas, wenn dat dor man bi blifft." Der Küster antwortete darauf: „Se hebben recht, Herr Pestoor, dat völe Supen muß verboden worden. *Een* Glas, dor kunn 't doch eentlik mit good wesen.

Man", so setzte er hinzu, „dann muß dat Glas so groot wesen as uns Karktoorm" (Kirchturm)!

Dr. Remmers verschrieb Franz Bohlen eine bittere Medizin. Er selbst wußte um den schlechten Geschmack, aber auch, daß Bohlen gerne einen Kognak zu sich nahm. Darum gab er ihm folgenden Rat: „Wenn Se de Medzin nehmen, dann maken Se doch de Ogen dicht un denken, dat is Kunjack!"
Bohlen dachte einen Augenblick nach und fragte dann ganz treuherzig zurück: „Herr Dokter, könen wi dat neet ok so maken? Ik nehm 'n Kunjack und denk mi dorbi, dat is Medzin?"

Swienslachten

Einige Jahre lang war ich Pastor in der Landgemeinde Ihrenerfeld. Mir gegenüber auf der anderen Seite der Straße wohnte Joke Huismann. Als ich ihn besuchte, mußte ich mit ihm durchs Hinterhaus wandern, um seine Tiere zu bewundern. Dazu gehörte auch ein gut gemästetes Schwein, das in den ersten kalten Tagen geschlachtet werden sollte.

Joke Huismann konnte schöne Geschichten erzählen und hatte bei dieser Gelegenheit auch lustige Erzählungen bereit, die vom Schweineschlachten handelten und was es da an Sitte und Brauchtum gab. So erzählte er mir auch, daß man aufpassen müßte, daß einem die Pfoten des Schweines nicht gestohlen würden, wenn es geschlachtet an der Leiter hing.

Als nun der große Tag gekommen war und Huismanns Schwein hing an der Leiter, die schräg gegen die Hauswand gestellt war, stahl ich mich abends im Halbdunkel dorthin und holte mir die beiden Vorderpfoten.

Meiner Schwester, die mir damals den Haushalt führte, paßte es ganz und gar nicht, aus den gestohlenen Pfoten Sülze zu machen. Doch erklärte ich ihr, daß dies in Ostfriesland eine alte Sitte sei. Die Pfoten, die man auf diese Weise in seinen Besitz gebracht habe, dürfe man auch behalten und nach Belieben verwerten.

Als ich am nächsten Tag bei Huismanns einkehre, waren sie dort fleißig am Wursten. Die Wurstmaschine lief ununterbrochen, und es häuften sich Blut- und Grützwurst, Leberwurst, Rotwurst und Mettwurst.

Nun war mein Leibgericht von jeher Blutwurst und Grütz-

wurst – die in der Pfanne gebraten und dazu ein Stück Schwarzbrot, etwas Leckeres gab es für mich nicht.
Noch in jedem Jahr hatte ich von Huismanns von solchen Herrlichkeiten etwas geschenkt bekommen, doch diesmal fiel nichts davon für mich ab. Auf leise Andeutungen meinerseits reagierte niemand, und als ich fragte, wann es denn bei ihnen grüne Erbsensuppe mit Schweinepfötchen darin gäbe, bekam ich keine Antwort.
Nachdenklich ging ich nach Hause. Sollte ich zu weit gegangen sein? Als aber Nachbar Huismann beim Abschied mir noch nachrief: „Se komen doch van avend to Sniertje?" antwortete ich erleichtert: „Seker doch un geern!" Auch das war und ist Sitte bei uns, daß die ganze Nachbarschaft zusammenkommt, wenn ein Schwein geschlachtet und am nächsten Tag zerteilt wird. Das Wort Sniertje (Kleinigkeit, Stückchen, Schnitzel) bezeichnet diese fröhliche Runde, in welcher dann dem Sniertjebraa (Sniertjebraten) kräftig zugesprochen wird.
Abends war ich dann auf „Swienvisiet", und wir haben zusammen gegessen und getrunken. Über die Pfötchen wurde gar nicht weiter gesprochen, aber es lag etwas in der Luft, und mich bedrückte der Gedanke, ob unsere Freundschaft wohl Schaden gelitten haben könnte.
Meine Schwester hatte inzwischen aus den Pfötchen eine edle Sülze gemacht. Wir füllten sie in Glasschalen, wovon ich die größte in ein Paket tat, das ich über die Post Huismanns zustellen ließ. Ein paar Tage später kam auch bei mir ein Postpaket an, und als ich es auspackte, lag darin, was meines Herzens Begehr war: Grützwurst und Blutwurst und obendrein noch ein schönes Stück Fleisch. Aber unten im Paket lag ein Zettel; ich hob ihn auf, entfaltete das Stück Papier und las, was darauf mit großen, ungelenken Buchstaben geschrieben stand: „Dat is för de Sült in Stee. Blot 'n Pestoor kann de leckere Swienepootjes so verneelen" (kaputtmachen).

In den Jahren nach dem Krieg mästete ich selbst ein Schwein. Als ich es schlachten wollte, benötigte ich dazu einen Schlachtschein, weil eigene Schlachtung auf die Ausgabe von Fleischmarken angerechnet wurde.
Ich machte mich auf den Weg zum Gemeindebüro und überlegte, wie hoch ich das Gewicht für das Schwein angeben sollte. Die Unwahrheit wollte ich nicht sagen, aber ich wollte auch verhindern, daß das Schwein zu hoch eingeschätzt wurde.
Ich begrüßte den Bürgermeister Dirk Kruse, und er fragte nach meinem Anliegen. Ich erklärte ihm, daß ich mein Schwein schlachten und es ordnungsgemäß anmelden wollte. Kruse fragte mich: „Na, Pestoor, wat menen Se dann, wovöl weggt dat Swien dann wall?" Ich antwortete: „Na, ik denk, 200 Pund mag he wall hollen" (halten). Dirk Kruse stutzte einen Augenblick und meinte dann: „De lüttje Krauter (klein geratenes Tier), de ik güstern in Hör Stall sehn hebb, de sall 200 Pund wegen? Dor mutten Se sük wall heelundall (ganz und gar) mit versehn." Er wandte sich an den Bürogehilfen und gab die Anweisung: „Stell uns Pestoor even 'n Schlachtschien ut over 100 Pund." Ich war gerührt und betroffen über diese großzügige Auslegung und Anwendung bestehender Vorschriften und Gesetze und verschwand schnell mit einem „Besten Dank ok!"

Der Pastor besuchte den Religionsunterricht in der Dorfschule. Als der Lehrer mit der Unterrichtsstunde zu Ende war, griff er ein und wollte den Schülern auch noch eine Frage stellen. Er wollte es ihnen auch nicht allzu schwer machen und so fragte er: „Nun sagt mal, Kinder, welches sind denn die Hauptfeste der christlichen Kirche?" Prompt bekam er die Antwort von Hero Janssen, der sich als erster gemeldet hatte: „Swienslachten un Wiehnachten, Herr Pestoor."

Alte Leute nennt man in Ostfriesland mit dem Vornamen, fügt bei den Männern ein Ohm, bei den Frauen ein Möh hinzu. Trientjemöh besuchte Antjemöh und kam darüber zu, wie sie trockenes Brot aß. Ganz entsetzt fragte sie: „Antje, ettst du drög Brood?" Darauf antwortete Antjemöh: „Wat deit hum dat, wenn Gott gifft, dat mi 't smeckt."

Hinnerkohm verdiente sich in seinem Alter immer noch mal einen Groschen dazu, indem er für andere Leute im Garten arbeitete. Er war gerade nicht der fleißigste, aber er war umsichtig und arbeitete ordentlich.
Als er zum Mittagessen gerufen wurde, stellte er seine Holsken (Holzschuhe) bei der Türschwelle ab und zog seinen Rock aus. Die Hausfrau sagte zu ihm: „Man Hinnerkohm, Se könen Hör Rock doch driest anhollen." „Och", antwortete Hinnerkohm, „wenn ik dat doo, dat sücht doch man wat lei (faul) ut."

In Moorhusen gab es viele arme Leute. Ganze Familien mußten von der Armenkasse unterstützt werden.
Einmal besuchte der Armenvater die Familie Sanders. Sie war dafür bekannt, daß sie mit ihrem Geld nicht gut wirtschaftete. Wenn sie etwas zum Beißen hatten, veranstalteten sie geradezu ein Fest und konnten dabei eine ganze Nacht aufbleiben. Hinterher folgten dann wieder magere Zeiten.
Der Armenvater trat in die Küche der Kate ein und sah, wie die Hausfrau eine Pfanne voll Speck und Eier auf dem Herdfeuer hatte. Er nahm die Gelegenheit wahr, sie zu ermahnen, doch ein wenig sparsamer mit dem Armengeld umzugehen. Aber da kam er bei Frau Sanders an die rechte. Sie stemmte beide Arme in die Seite und verteidigte sich: „Dat is di ok 'n Proot (Gerede)! Sühnig (sparsam) wesen, wenn man wat hett, un sühnig wesen, wenn man nix hett, dat is alltied sühnig wesen. Menen ji denn, dat uns Lü Doornstruken (Dornensträucher) warsen, wor ji Buren de Tung sitzen hebben?"

Hinni war Lehrjunge bei Bäcker Geerdes. War die Arbeit in der Backstube getan, stand er oft untätig herum. Der Meister wurde dann wohl ärgerlich und half ihm auf die Sprünge: „Fent (Junge), gah bi, un feeg de Backstuuv."
Als er damit fertig war, ging er zu seinem Lehrherrn: „Un wat sall ik nu doon?"
„Gah bi un feeg de Straat!" befahl ihm der Meister.
Als er dann nach einer kurzen Zeit schon wieder ankam und fragte, ob es noch etwas zu tun gäbe, antwortete Geerdes etwas ungeduldig: „Fent, gah na boven un steek dien blote Mors (Hintern) to Fenster ut."
Bäcker Geerdes hatte eine rundliche Figur und eine Glatze. Nach einer Zeit brauchte er den Jungen und rief nach ihm: „Hinni, wor büst du?"
Der Junge antwortete: „Hier bün ik."
„Un wat maakst du dor boven?"
„Ik doo, as ji seggt hebben. Ik steek mien Mors to Fenster ut un maak Reklame för jo!"
„Du büst wall neet recht bi Künn (Verstand)! Wat seggen dann de Lü, de dor vörbikomen?"
„Och, de meesten seggen: ‚Nu kiek ins an, wat Backer Geerdes vandaag (heute) för dicke Stuutjes (Brötchen) backt. Dor haal ik mi ok 'n paar van'."
„Un anners hebben de Lü nix seggt?"
„Ja, of un to was d'r een bi un sä: ‚Dag ok, Meister Geerdes. Moi Weer vandag!'"
„Un du, wat hest du seggt?"
„Och, ik hebbe mi stillhollen. Ik doch, laat de Lü doch bi hör Gloov (Glauben)!"

Harm Schipper kam darüber zu, als Boekhoffs um den Mittagstisch versammelt waren. Es gab Grünkohl mit Speck und Pinkel. Der Duft stieg ihm lieblich in die Nase, und der Anblick machte ihm zusätzlich Appetit. Er nahm sich einen Stuhl und setzte sich mit an den Tisch.
Keiner sagte etwas, alle ließen es sich schmecken, bis Schip-

per den Mund öffnete: „Dat nöm ik 'n lecker Eten, Grönkohl! Dat eet ik för mien Leven geern."
Als er keine Antwort darauf bekam, setzte er ein zweites Mal an: „Un de Speck ducht (scheint) mi ok neet slecht."
Er wollte ein drittes Mal einen Anlauf nehmen, doch dann griff er nach einem Teller und meinte: „Na, wenn dat Nögen (Einladen) gar gien Enn nimmt, dann bük ik so freei" und langte kräftig zu.
Die Hausfrau gab ihm ein gutes Gewissen, indem sie ihm zuwünschte: „Smakelk (schmackhaftes) Eten!" Er antwortete mit „Danke, ok so!" und ließ es sich schmecken.

Alles hat seine Zeit,
auch Reden und Schweigen

Der alte Harm Diekhoff machte seinen gewohnten Spaziergang. Am liebsten nahm er den Weg, der zum Deich führte. Dort lief er ein Stück auf dem Deichrücken entlang und setzte sich dann auf das eine Ende einer kleinen Bank, die zum Ausruhen einlud. Er ließ seinen Blick über die Ems und in die Weite schweifen und hing seinen Gedanken nach.
Es dauerte nicht lange, da kam sein früherer Arbeitskollege Hinnerk Siefkes dazu. Er sagte freundlich „Moin"* und ließ sich schweigend auf die andere Seite der Bank nieder. Er steckte sich eine Pfeife an, schmauchte genüßlich und empfand die Ruhe und Stille der Landschaft, die sich auf die beiden übertrug.
Nach geraumer Zeit gesellte sich noch ein dritter dazu. Er nickte den beiden zu und sah, daß in der Mitte der Bank noch Platz für ihn war. Dorthin setzte er sich, nachdem er die beiden mit einem freundlichen „Moin mit 'n anner" begrüßt hatte.
Auf die Dauer war ihm aber die Stille und das Schweigen der beiden Alten peinlich, und er meinte, er müsse mal ein Wort sagen, um vielleicht ein Gespräch mit ihnen anzufangen. Er setzte an, indem er sich räusperte, und dann kam

---

* Der Gruß in Ostfriesland lautet während des ganzen Tages immer nur „Moin". Das ist offensichtlich eine Abkürzung für moi 'n (moi gleich schön oder auch gut). Die entsprechende Tageszeit kann sich dann jeder dazu denken: guten Morgen, Tag oder Abend. Jedenfalls hat das Wort nichts zu tun mit Morgen; dann würden die Ostfriesen ja nur eine Tageszeit kennen. Daneben gibt es auch den Gruß, aber weniger gebräuchlich: Goden Mörgen, Goden Dag, Goden Avend und Gode Nacht.

aus seinem Munde: „'t is moi Weer vandaag!" Aber mit dieser Wirkung seiner Worte hatte er nicht gerechnet, daß der eine sich sofort erhob und zu dem anderen sagte: „Kumm, Hinnerk, wi gahn na Huus, dat is uns hier to prootsk (gesprächig)."

Ein altes Paar, in jahrzehntelanger Ehe aneinander gewöhnt, saß friedlich vor seinem Haus im Abendsonnenschein. Langsam ging die Sonne am Horizont unter, die beiden Alten waren ganz gefangen von dem Schauspiel. Schließlich sagte die Frau: „Wat is dat moi van avend!" (Was ist das für ein schöner Abend!)
Darauf antwortete der Ehemann: „Dat markt man doch ok, sünner (ohne) wat to seggen."

Nachdem ein Knecht sich bei seinem neuen Dienstherrn vorgestellt hatte, bedeutete der Bauer ihm: „Un dat du futt van Bescheed weetst, ik holl neet dorvan, völ Woorden to maken. Wenn ik so doo" – und dabei machte er mit seinem Finger eine bestimmte Bewegung – „dann heet dat: du sallst komen."
„Is good", sagte daraufhin der Knecht, „dat paßt good bi 'n anner. Ik holl ok neet völ van Woorden, un wenn ik dann schüddkopp (mit dem Kopf schütteln), dann heet dat so völ as: ik koom neet."

Pastor Goemann war auf Reisen und saß mit mehreren Leuten in einem Abteil des Zuges zusammen.
Als der Zug das erste Mal hielt, stieg noch eine Frau dazu. Es dauerte ziemlich lange, bis sie ihre Gepäckstücke verstaut hatte, dann setzte sie sich und schaute um sich. Dabei bekam sie Pastor Goemann zu Gesicht, in dem sie ihren alten Pastor wiedererkannte, der vor Jahren in ihrer Gemeinde Seelsorger gewesen war. „Kiek", sagte sie, „Pestoor ok unnerwegens?" Aber der Pastor ließ sich nicht weiter darauf ein und nickte nur mit dem Kopf.
„Herr Pestoor", so fing nun die Frau wieder an, „Se bünt

doch Pestoor Goemann? Of sull ik mi dor heel mal mit versehn?"
„Nee, 't is good, ik bün de, för de Se mi ankieken. Wi hebben uns lange neet sehn."
Und nun ließ die Frau ihren Worten freien Lauf: „Wo geiht dat mit Frau un Kinner? Wo is dat mit Freerk, Hör Söhn, de alltied so geern mit mien Jung spölen dä? Weten Se ok al dat Neeise ut uns Dörp? Se hebben doch mal dat Kind döpt (getauft) in uns Nahberhuus, de was al dree Jahr old! Hebben Se dat dann neet hört? Dor is bet vandaag to nix as Stried un Elend. Un unner uns geseggt" – dabei dämpfte sie ihre Stimme, weil sie wohl annahm, daß das nun nicht gerade für alle Ohren bestimmt sein dürfte – „de Mann sall bi sien Frau weglopen wesen."
Es war inzwischen ziemlich still in dem Abteil geworden. Die Frau redete und redete, und alle hörten mehr oder weniger gespannt zu, aber der Pastor ließ sich nicht auf ein Gespräch ein.
Und schon ging es weiter: „Weten Se dat noch, Herr Pestoor, as ik bi Hör in Studeerkamer was und Hör froog, ob Se mi wall heiraden wullen? Do hebben Se eerst lacht, man dann wurren Se groff (grob): ‚Wat denkst du wall, dat ik di heiraden wall? Ik bün ja verheiradt un hebb Frau un Kinner.' Do kwamm ik d'r achter un sä: ‚Nee, so meen ik dat neet, ik meen, of Se mi wall trauen wullen?' O, wat hebben wi lacht. Se muchen ok ja alltied geern Spaß maken."
Die Frau wollte noch wieder etwas aus ihrem Gedächtnis hervorkramen und anbringen, da hielt der Zug. „O, Vaderland, is hier al Leer?" rief die Frau, „dann mutt ik d'r ja ut."
Sie kramte ihre Siebensachen zusammen, verabschiedete sich von allen mit einem lauten „Dann wieder gode Reis", und weg war sie.
Als der Zug sich wieder in Bewegung setzte, wandte sich einer der Mitreisenden an den Pastor: „Warum hebben Se dann nix seggt? Se kennen de Frau doch seker."
„Ja", sagte der Pastor, „un jüst darum hebb ik mi stillhollen. Wo sull ik mi disse Rappelsnuut dann anners van Hals hol-

len? Ik will Jo wat seggen, dat is een van dat Soort, de könen dree Spraken: düts, plattdüts un over anner Lü."

Jelto Buismann war mit einer Pferdekutsche unterwegs zur Stadt. An der Straße stand ein Bekannter, winkte ihn heran und fragte, ob er mitfahren könnte. „Mienthalven", sagte Buismann und ließ ihn aufsitzen, aber fügte gleich hinzu: „man proot't word hier neet."
Beide hingen ihren Gedanken nach, bis der Mitfahrer das Verbot zu sprechen vergaß. Er schaute über die Felder und sagte: „Wat steiht dat Koorn moi." Sofort zog Buismann die Zügel an und brachte mit einem langgezogenen Brrrr die Pferde zum Stehen und, zu seinem Mitfahrer gewandt, knurrte er laut: „Runner mit di!"

Tante Bauwine hatte sich einen neuen Hut in der Stadt gekauft, ein wahres Ungetüm, halb so groß wie ein Wagenrad. Oben auf dem Hut war fast ein kleiner Blumengarten mit vielen Blumen der verschiedensten Größe und Farbe. Stolz ging sie damit die Dorfstraße entlang und begegnete ihrer Bekannten. Die drückte ihr Erstaunen mit einem einzigen Wort aus: „He!"
Darauf antwortete Tante Bauwine von oben herab kurz und bündig: „Tja!"

Bei der goldenen Hochzeit wurde viel von früheren Zeiten erzählt. Ein Enkelsohn fragte schließlich den Jubilar, wie das früher gewesen sei mit der Liebe und wie Opa und Oma sich kennengelernt hätten.
Das wäre leicht gesagt, meinte der Großvater. Er und Oma Feeke hätten an einem Abend zusammengesessen. „Ik sä nix un Oma sä nix, un so gaff een Woord dat anner." Dann wäre er etwas näher an sie herangerückt und sie hätte dasselbe getan, „un dann hebb ik hör 'n Duut (Kuß) updrückt, un dat was 't ok nett all (schon alles)."
Der Enkelsohn wandte ein, aber sie hätten doch auch etwas sagen müssen. „Nee", antwortete der Großvater, „wi harren

uns wieder nix to seggen, is 't wahr, Feeke?" Die Oma antwortete: „Ja, wenn du dat so seggst, dann sall dat wall so west hebben."

Dann hob der Großvater noch mal wieder an: „Wi hebben dann blot noch Woorden dorum hadd, well van uns beiden na Pestoor hen sull, dat wi oversproken (abgekündigt) worden sullen. Do hett Feeke an mi seggt: ,Dat doo du man, ik kann mi neet so good bewoorden (sprachlich ausdrücken).' Is 't wahr, Feeke?"

„Ja, Harm, wenn du dat seggst, dann sall dat wall so west hebben."

„Un bi de Trauung in Kark was dat heel eenfach. Alls, wat seggt worden muß, hett de Pestoor seggt. Blot an 'n Enn van sien Preken hett he uns wat fraagt, un dor mussen wi blot Ja of Nee up seggen. Man wi wassen uns ja eens, dat wi beide Ja seggen wullen. Kiek, mien Jung, so hett dat west, dat Opa und Oma bi 'n annerkomen bünt, un 't hett uns bet vandaag to noch neet een Dag spiet (leid getan). Is 't wahr, Feeke?"

„Ja, wenn du dat so seggst, dann sall dat wall so wesen" (sein).

Der Bauer ruft: „Jan, wor büst du?"
Der antwortet: „Hier, up de Hill (Heuboden), Buur."
„Un wat maakst du dor?"
„Nix, Buur, ik rüst (ausruhen) mi 'n bietje."
„Man wor is Hinnerk dann?"
„De is ok hier!"
„Un wat maakt de?"
„De helpt mi."

Vater und Sohn fahren mit ihrem Fuhrwerk auf den Markt zur Stadt. Unterwegs zeigt der Bauer mit der Peitsche nach einem Kornfeld und sagt: „De Hafer steiht good."
Auf der Rückreise nehmen sie einen anderen Weg. Wieder kommen sie an einem Haferfeld vorbei. Da sagt der Sohn: „Man de ok."

Plattdeutsch – hochdeutsch

Zur besonderen Eigenart der Ostfriesen gehört, daß sie trotz mancher Widerstände und Behinderungen an ihrer plattdeutschen Muttersprache festhalten. Plattdeutsch hat nichts zu tun mit dem platten Land, auf dem sie wohnen, sondern kommt aus dem Holländischen. Dort bedeutet das Wort platt nicht nur flach, breit, eben, sondern auch klar, unvermengt, verständlich, rund heraus. Dabei ist das ostfriesische Platt nicht nur eine Mundart unter vielen anderen, sondern hat seine Eigenständigkeit in vielen Wörtern, die aus der friesischen Sprache stammen und noch lebendig sind.
Plattdeutsch ist also nicht „'n olle Büx (Hose), de wi blot bi 't Meßfahren (Mistfahren) antrecken (anziehen)", sondern hat einen literarischen Rang, wie viele Veröffentlichungen der Neuzeit beweisen. Auch die Bibel wurde inzwischen ins Plattdeutsche übertragen, ohne daß sie dabei an Gewicht und Ausdruckskraft verloren hätte – im Gegenteil!
Schlechtes Plattdeutsch mit Hochdeutsch vermischt gilt als „Tuffeldüts" (Kartoffeldeutsch), oder man sagt: „He proot geel (gelb) un grön (grün) dör 'n anner."
Freilich gibt die Zweisprachigkeit auch immer wieder zu Mißverständnissen Anlaß.

Bei einer Beerdigung pflegte der Leichenbitter die Trauergäste nach der Feier in der Friedhofskapelle aufzufordern: „Und nun bitte ich die Trauergäste, die Leiche zu folgen."
Der Pastor machte ihn darauf aufmerksam, das müsse heißen, *der* Leiche zu folgen. Doch der Bestatter meinte: „Dor

will ik lever eerst uns Mester (Lehrer) na fragen, de weet dor beter in Bescheed as Se un ik."
Er suchte den Lehrer auf und fragte ihn, ob es im Deutschen die oder der Leiche heiße. Der Lehrer fragte nach dem Anlaß dieser Frage und gab dann die Auskunft, es hieße zwar *die* Leiche, aber im Zusammenhang mit dem Worte folgen müsse es *der* Leiche heißen.
Der Leichenbitter war gar nicht zufrieden mit diesem Bescheid, den er erhalten hatte, und dachte unmutig bei sich: „Pestoor un Mester hollen ok alltied mit'n anner."
Er suchte nach einem Ausweg und meinte auch, den gefunden zu haben. Bei der nächsten Gelegenheit formulierte er: „Ich bitte die Trauergäste, die Leiche zu verfolgen" und schaute dabei triumphierend seinen Pastor an.
Nachher stellte er ihn zur Rede und fragte: „Na, Herr Pestoor, wat seggen Se nu?"
Der Pastor fragte zurück: „Man dat hett de Mester Hör doch wall neet inschünt (eingeredet)?"
„Nee", antwortete der Leichenbestatter, „ik sall mi wahren (hüten), de to fragen. Ik weet ja, Pestoor un Mester hollen alltied mit'n anner, bünt alltied een Büx (Hose) un ein Wams (Jacke), sotoseggen twee Klumpen ut een Holt."
Daraufhin verzichtete der Pastor auf weitere Belehrung des Widerspenstigen, er fürchtete nur weiteres Unheil.

An der Gartenpforte des Arztes befand sich seit einiger Zeit die Inschrift: „Die Tür bitte geschlossen halten wegen der Hühner."
Kopfschüttelnd betrachtete der Nachbar das Schild. Als er der Frau des Arztes begegnete, wandte er sich vertrauensvoll an sie, um seine Bedenken loszuwerden.
Er sagte: „Hören Se even, Frau Dokter, un nix för ungood, man dat mutt doch wall heten ‚wegen *die* Hühner' un neet ‚wegen *der* Hühner'. Man laten Se dat man so stahn, as Se dat schreven hebben, dat markt hier up Land doch nüms (niemand)."

Als die Insel Norderney noch keinen Anleger für die Passagierschiffe hatte, wurden die Reisenden mit einem Boot vom Schiff aus ans Land befördert und die letzte Strecke von starken Männerarmen durch das flache Wasser getragen.
Als die Kaiserin Victoria einmal die Insel besuchte, wurde ein besonders kräftiger Mann dafür ausgesucht, die Kaiserin sicher durch die Fluten zu tragen.
Unterwegs bekam Kaiserliche Hoheit wohl einige Spritzer ab oder erschrak vor dem Wellengang, jedenfalls gab sie einen kleinen Schrei von sich. Der Schiffer aber tröstete sie: „Kaiserliche Hoheit müssen keine Not haben, ich habe doch Kaiserliche Hoheits Mors (Hintern) fest zu packen."

Den Kindern einer Schule wurde anhand des Bildes eines bekannten Künstlers die Geburtsgeschichte Jesu erklärt. Jedes Kind steuerte etwas dazu bei, wie arm Joseph und Maria doch gewesen sein mußten. Sie hatten nicht mal eine ordentliche Wiege für das Kind und mußten in einem Stall übernachten.
Ein Kind fügte hinzu: „Un se harren neet mal Rohm (Rahm) för 'n Koppke Tee."
„Wie kommst du denn darauf?" wollte der Lehrer wissen.
Die Antwort darauf lautete: „Dat hebben Se doch sülst vörleest: ‚sie hatten keinen *Raum* in der Herberge'."

Der kleine Weert Ihnen kommt ganz verstört aus dem Kindergottesdienst. Er ist richtig böse, und die Mutter fragt nach dem Grund. Da rückt er mit der Sprache heraus, daß ein Kind getauft worden sei, und dabei habe der Pastor gesagt: „‚Lasset die Kindlein zu mir kommen und Weert Ihnen (wehret ihnen) nicht.' Wenn ik dor doch neet bihör, dann gah ik dor ok neet weer hen."

Im Kindergottesdienst wurde den Kindern von all den Herrlichkeiten erzählt, die es für die ersten Menschen im

Paradies zu essen gegeben hätte. Die Kinder zählten die Früchte auf, die sie kannten.
Der Helfer im Kindergottesdienst wollte darauf hinaus, daß es noch etwas gäbe, was wichtiger sei als Essen und Trinken: „Was kann das gewesen sein? Denkt doch mal nach, was mußten Adam und Eva denn nun noch bekommen?"
Darauf meinte die kleine Mareke: „Sicher dolle Leibschmerzen."

In dem Weihnachtslied „Leise rieselt der Schnee" heißt bekanntlich eine Zeile: „in dem Herzen ist's warm, still schweigt Kummer und Harm".
Geeske meinte dazu: „De Naam Harm kenn ik ja, so heet ok uns Nahber sien Jung, man de Naam Kummer hebb ik noch noit hört."

In einem Hause beteten die Kinder abends: „Müde bin ich, geh zur Ruh." Am Schluß des Liedes heißt es: „Alle Menschen, groß und klein, sollen dir befohlen sein."
Das konnte Rikus nicht verstehen; er betete statt dessen: „Alle Menschen, groß und klein, sollen Biggen (Ferkel) und Fohlen (Füllen) sein."

Bei einer Silberhochzeit zeigte die Hausfrau voller Stolz auf ihre wohlgeratenen und gut ernährten Kinder und sagte zu dem Pastor: „ 't is utkomen, so as dat in de Bibel beschreven steiht."
Der Pastor fragte, ob sie dabei an ein bestimmtes Wort der Bibel denke. „Ja", antwortete die Frau, „in een Pessalm heet dat doch: ‚deine Kinder werden um deinen Tisch versammelt sein wie die Ölsweine'." (Die Bibel redet an dieser Stelle von Ölzweigen).

Anläßlich der goldenen Hochzeit hatte das Ehepaar de Vries von den Kindern einen Ausziehtisch geschenkt bekommen. Als die letzten Gäste das Haus verlassen hatten, begaben sich die beiden Alten zur Nachtruhe. Als sie die Schlafstube betraten, wollte Opa de Vries das klären mit dem neumodischen Geschenk und sagte zu seiner Frau: „Nu segg, Stientje, wo willen wi heiden dat hollen? Sölen wi up de Tafel uns uttrecken (ausziehen), of willen wi beiden neet bi 't Wennst (Gewohnheit) blieven und trecken uns, so as wi dat wenn bünt, up Beddskant (Bettkante) ut?"

Bei einem Spaziergang kam ein Auswärtiger, der in Greetsiel als Badegast seinen Urlaub verbrachte, an einem Hühnerstall vorbei. In der Nähe arbeitete die Besitzerin der Hühner, eine einfache Frau vom Lande.
Der Gast schaute neugierig dem Treiben des Hühnervolkes zu. Die Frau schaute ein paarmal von ihrer Arbeit auf, ihr war es nicht recht, daß da ein Fremder sich für ihre Hühner interessierte. Schließlich ging sie auf ihn zu und fragte nach seinem Begehr. Der Badegast lobte die Hühner: „Das sind ja ganz prächtige Tiere, die Sie da haben! Was ist das für eine Sorte?"
Die Frau antwortete: „Dat bünt oostfreeske Sülvermöven."
Nun wollte er auch noch wissen, wieviele Hühner sie besäße. Er habe versucht, sie zu zählen, wäre aber nicht zu einem endgültigen Ergebnis gekommen: „Sagen Sie mal, wieviele Hühner mögen das denn wohl sein? Vielleicht wissen Sie es auch nicht so genau, aber ich denke so praeter – propter?"
Die Frau ließ sich nicht in Verlegenheit bringen, sondern antwortete couragiert: „Dat bünt so wat twintig Präters und een Propter, de könen Se d'r licht utkennen, dat is de mit de rode Kamm un de moje Feren an sien Steert (den schönen Federn an seinem Schwanz)."

Am Schluß einer Feier verabschiedete der Gastgeber seine Gäste, wünschte ihnen gute Heimfahrt und bedankte sich bei allen, die mitgeholfen hatten, „dat wi so 'n moi Harmonium (Harmonie) mit 'n anner hadd hebben."

Bei einer Diskussion über die Auswüchse bei Festlichkeiten ereiferte sich ein Redner mit den Worten: „Kiekt jo dat an, wat de för Orchideen (Orgien) mit 'n anner fieren!"

Der Lehrer hatte Geburtstag. Die Kinder wollten ihm ein Ständchen bringen und sangen mit lauten und frohen Stimmen: „Happy burthday to jo!" Der Lehrer bedankte sich, und als der Unterricht begonnen hatte, fragte er die Kinder, ob sie den Inhalt des Liedes auch begriffen hätten. Nun, das wußten sie alle, und einer meinte: „Dat heet so völ as: wi graleeren di." Der Lehrer fragte weiter: „Und wer weiß, wie diese Worte geschrieben werden?" Das wußte keines der Kinder.
Der Lehrer wollte ihnen die Antwort erleichtern und fragte: „Wie oft kommt denn der Buchstabe l darin vor?" Nun sah er in lauter verdutzte Gesichter, nur Geeske nahm Zettel und Bleistift zur Hand und fing fleißig an zu rechnen, bis sie die Anwort wußte: „Ik hebb 't rutfunnen, 26mal!"
Erstaunt fragte der Lehrer, wie sie zu diesem Ergebnis käme. Das Mädchen sprang beherzt auf, sang das Geburtstagslied noch einmal „la ... la ... la ... la ..." und bei jedem la zählt sie an den Fingern ab, bis sie auf die Zahl 26 kam. Da konnte der Lehrer nicht mehr viel sagen.

Ostfriesland und das „Ausland"

Ostfriesland ist für die Ostfriesen ein eigenes Land und nicht so sehr ein Bundesland. Es wird eingegrenzt von der Nordsee, von den Niederlanden und der Bundesrepublik. Wenn der Gymnasiallehrer Ufke Cremer mit seinen Schülern die Landkarte studierte, machte er sie auch auf die direkte Linie von Aurich nach Leer aufmerksam. Dabei stieß er unweigerlich auch auf den Ort Hesel; von ihm pflegte er dann zu sagen: „Das ist die Stelle, von wo es links abgeht nach Deutschland." Außerhalb ihrer Heimat fühlen sich die Ostfriesen außer Landes und haben in vielen Großstädten sogenannte Butenostfresenvereine gegründet, in denen sie sich immer wieder treffen wie auf einer Insel im Meer.
Heiratet ein Ostfriese eine Frau aus der Bundesrepublik, dann heißt es: „Er hat eine Deutsche geheiratet", worin keinerlei Abwertung verborgen liegt.

Zwei Viehhändler aus Möhlenwarf hatte es nach Berlin verschlagen. In dem Gewimmel der Straßen verloren sie sich gegenseitig aus den Augen. Um die Orientierung wieder zu gewinnen, wandte einer der beiden sich an einen Passanten, ob er wisse, wo es längs gehe nach Möhlenwarf. Aber der schaute ihn nur dumm an. Nach mehreren vergeblichen Versuchen, Auskunft zu bekommen, wandte er sich schließlich an einen Polizisten. Der verstand ihn auch nicht, aber die Sprache kam ihm verdächtig vor, er verwies den Hilfesuchenden an das Niederländische Konsulat.
Die so gemachten Erfahrungen faßte Sibo Watsema später zusammen: „Un dat sall Berlin wesen? Gah mi weg! Bi uns

in Huus weet elker Kind de Padd na Möhlenwarf, man hier weet neet mal de Polizei Bescheed!"

Ein Ostfriese verbrachte seinen Urlaub in Bayern. Er gab sich die größte Mühe, nicht aufzufallen und als Ostfriese erkannt zu werden. Darum kaufte er sich eine entsprechende Tracht von den krachledernen Hosen bis hin zum Hut mit Gemsbart, Bergstiefeln und Stutzen.
Darüber hinaus hörte er fleißig auf den Zungenschlag der Leute, um es ihnen auch in der Sprache gleichzutun. Schließlich fühlte er sich so weit sicher, daß er meinte, mit seinen Sprachkenntnissen sich ein Glas Bier leisten zu können.
Er betrat ein Bierzelt, steuerte schnurstracks auf die Theke zu und sagte mit Stentorstimme: „I möcht a Maaß!" Der Kellner schaute ihn von oben bis unten an und brachte ihn schier in Verlegenheit, bis er schließlich sagte: „Se san aber a net von hier!"
Betroffen fragte der Ostfriese zurück, woran er denn gemerkt habe, ob er das etwa an der Sprache gehört habe. Darauf antwortete der Bayer: „Dös hob i fei net bloß g'hört, sondern wirkli a gsehn. Wissen 's, bei uns ham die Mannsbilder allweil no 's Hosentürl vornaus!"
Als er dann einmal mit seiner Frau im Sessellift auf die Berge fuhr, wurden die beiden ziemlich weit oben aus einer entgegenkommenden Gondel gegrüßt mit dem dort üblichen „Grüß Gott!" Verdutzt schaute die Frau ihren Mann an und fragte: „Du, segg even, geiht dat hier so wied na boven?"

Bei uns wird auch folgende Geschichte erzählt. Ein Mann aus Rhauderfehn will nach Peking reisen.
Als der Schalterbeamte am Kleinbahnhof den Namen hört, sagt er: „Och, weten Se, ik geev Hör eerst mal 'n Fahrkart bet Iieroov."
Dort angekommen, passierte ihm ähnliches, aber nun kam er schon bis Hannover. In Hannover wurde ihm eine Karte

ausgeliefert nach Berlin, und so kam er Stück für Stück vorwärts, bis er am Ziel war.
Als er die Rückreise antrat, machte er sich Gedanken, was man auf dem Hauptbahnhof in Peking wohl zu seinem Wunschziel sagen würde. Er holte tief Luft und äußerte sein Begehren, eine Karte nach Rhauderfehn zu lösen. Der Chinese antwortete prompt mit raschen Worten und in der gewohnten hohen Tonlage: „Nach Westrhauderfehn oder nach Ostrhauderfehn?"

Ein echter Ostfriese rührt den Tee in der Tasse nicht um. Zuerst genießt er den herben Teegeschmack, dann wird er langsam gemildert durch die sich mit dem Tee vermischende Sahne, und der letzte Schluck aus der Tasse gewährt ihm den vollen, herzhaft süßen Geschmack von Tee, Sahne und Kluntje.
Vor Jahren war eine Gesellschaft aus Bremen unterwegs und kehrte in ein Gasthaus im ostfriesischen Raum ein. Alle hatten sicherlich schon einmal von ostfriesischem Tee gehört und so bestellten sie auch nicht, wie zu Hause üblich Kaffee, sondern Tee.
Der Tee wurde aufgetragen, indem die Teekannen auf ein Teestövchen mit brennender Flamme gestellt wurden, und jeder Gast erhielt eine Tasse. Jeder nahm nun einen Kluntje, man freute sich, als er unter dem heißen Getränk knisterte und schmolz, legte etwas Sahne obenauf, doch dann vermißte man die kleinen Löffel, die von den Bremern beim Umrühren des Kaffees benutzt werden.
Der Wirt wurde gerufen und um entsprechende Löffel gebeten. Der hielt nach seinem Kellner Ausschau und gab ihm den Auftrag „Haal even Koffjelepels (hol mal Kaffeelöffel) för de Dütsen, de willen doch wahrhaftig uns lecker Tee umröhren (umrühren)."

Ein Ostfriese war auf Geschäftsreise und hatte in Oldenburg zu tun. Als er abends nach Hause zurückkehrte, fragte ihn seine Frau, wo er gewesen wäre und was er erlebt hätte.

Er erzählte, er wäre in der Stadt Oldenburg gewesen. Nun wollte seine Frau gerne genauer wissen, was es mit den Oldenburgern auf sich hätte.

„Och", sagte der Mann, „de Oldenbörger, dat bünt ok Mensken!"

„Seker", sagte die Frau, „dat weet ik, man is dor wat Besünners an? Bünt se in dat een of anner Fack anners as wi?"

„Ja", antwortete der Mann, „dor mutt ik di recht in geven. Weetst du, wat de *Techniek* angeiht, dor bünt se uns Oostfresen 'n heel End over."

„Vertell, vertell", antwortete die Frau, „dat mutt ik weten."

Und nun erzählte der Geschäftsmann, wie er in einem Restaurant gefrühstückt hätte. Er hätte sich eine Scheibe Brot mit Butter bestrichen und dann nach dem Ei gelangt. Als er den Kopf abgeschlagen hätte, da wäre es nicht weiter gegangen. Aus dem Salzfaß wäre kein Stückchen Salz herausgekommen, die Löcher waren alle verstopft, ärgerlich hätte er sein Ei zur Seite geschoben und sich mit dem Butterbrot begnügt. „ 'n Ei sünner Solt, dat is mi nix to", sagte er.

„Ja, un wieder, wo gung dat wieder?" wollte seine Frau wissen.

Er fuhr fort: „Up anner Sied van de Tafel settde sük 'n Oldenbörger hen. De kreeg ok sien Ei. As he sach, dat dor gien Solt ut dat Fatt kwamm, nahm he sien Mest ut Taske, snee (schnitt) 'n Rietstick (Streichholz) torecht un puulde mit de Rietstick de Gaten (Löcher) löß un kunn sien Ei moi vertehren. Ik segg ja man, wat de *Techniek* angeiht, dor mutt man wat van verstahn!"

Die Frau bewunderte ihren Mann wegen seiner Erlebnisse, aber noch mehr den Oldenburger, der sich so geschickt mit Hilfe der *Techniek* aus der Affäre gezogen hatte.

Der Ehemann merkte das und beruhigte sie, sie sollte nur nicht eifersüchtig werden: „Laat de Keerl doch mit sien *Techniek* lopen, man wat de *Religion* angeiht, dor bünt wi Oostfresen de Oldenbörgers 'n heel End vörut."

„Vertell, vertell", ermahnte ihn nun wieder seine Frau.

Der Mann berichtete, daß während des Frühstücks plötz-

lich ein Junge aufgetaucht wäre mit einer Sammelbüchse in der Hand. Er hätte immer wieder gerufen: „Brot für die Welt! Brot für die Welt!" und dabei mit der Büchse und ihrem Inhalt gescheppert.
„Un do, Moder, wat hebb ik do daan? Dat, wat wi beiden alltied doon, wenn bi uns een van de Kark of dat Rode Krüz kummt un is an 't Sammeln. Wi beiden geven ja alltied ut Vullen (aus dem Vollen), dat bünt wi ja garneet anners wennt (gewöhnt). Un so, Moder, ok hier. Ik greep na mien Knippke (Portemonnaie), nahm d'r wiß wahr 'n heel Grosken ut un dä de in de Bürs. Un wat lövst du, dä de Oldenbörger? De dä d'r blot een Pennen in. Kiek, un dor kannst an sehn, wat de *Religion* angeiht, dor komen de Oldenbörgers lang neet mit uns mit."

Als die Todesstrafe noch nicht abgeschafft war, wurden zum Tode Verurteilte durch das Fallbeil hingerichtet. Man wartete dabei einen Termin ab, um das Urteil gleich an mehreren vollziehen zu können.
So wurden einmal zu einer solchen Exekution drei Männer versammelt, ein Bremer, ein Oldenburger und ein Ostfriese. Der Scharfrichter erklärte ihnen, wie die Vorrichtung mit dem Fallbeil funktionierte und fragte dann, wer von den dreien als erster zur Hinrichtung bereit sei.
Es meldete sich sofort der Mann aus Bremen, berief sich darauf, daß die Bremer sehr freisinnig seien mit ihren Gedanken über Tod und Ewigkeit, dafür seien sie aber auch sehr empfindlich und auf das Ästhetische eingestellt. „Ich kann", so sagte er, „kein Blut sehen, dann wird mir schlecht. Können Sie da nicht Abhilfe schaffen?" Dem Bremer wurden die Augen verbunden und er wurde mit dem Gesicht nach unten auf das Brett angeschnallt. Dann drückte der Scharfrichter auf einen Knopf, das Fallbeil kam heruntergesaust, blieb aber auf halber Strecke verklemmt stehen. Nach Recht und Sitte wurde, wenn so etwas passierte, der Übeltäter freigelassen. Der Bremer verabschiedete sich von seinen Kollegen und suchte das Weite.

Auf die Frage, die an die beiden anderen gerichtet wurde, wer jetzt an die Reihe kommen wollte, meldete sich der Oldenburger. Er sagt, er habe keine Angst vor dem Tode, und er sei auch nicht so vornehmtuend und empfindlich wie der Bremer, er wolle wohl mit offenen Augen seinem Schicksal entgegensehen.
Nun passierte bei dem Oldenburger dasselbe wie bei dem Bremer. Das Fallbeil erreichte sein Ziel nicht, sondern blieb, diesmal kurz oberhalb des Körpers, wiederum stehen. Die Sachlage war eindeutig, auch dieser konnte frei nach Hause gehen.
Nun standen sich der Scharfrichter und der Ostfriese gegenüber. „Na", sagte er zu ihm, „wie bin ich mit Ihnen dran? Möchten Sie gerne so oder so herum auf das Brett geschnallt werden. Sie haben die Wahl."
Der Ostfriese räusperte sich kurz und sagte dann: „Dat will ik di seggen, eerst maakst du dat Schietdings up Stee, un anners gah ik dor overhoopt neet up."

In Ditzum an der Emsmündung gibt es eine kleine Bootswerft. Vor einigen Jahren war dort auch ein Schwarzer beschäftigt und erregte die Aufmerksamkeit der Einheimischen.
Aus einer Nachbargemeinde arbeitete auch jemand auf der Werft. Einmal machte sich ein Nachbar an ihn heran und fragte ihn, ob das so sei, was die Leute erzählen, daß er einen schwarzen Arbeitskollegen habe: „Un de kann arbeiden so as uns Lü un verdeent dor sien Geld?"
„Ja, seker, doch", antwortete der, „he is nett so fix as wi."
Nach einer Weile fragte er weiter: „Un weetst du ok, wor de Mann her is?"
Der gab bereitwillig Antwort: „Ut Togo."
„Togo? Dat kenn ik neet. Wor liggt dat dann?"
„So genau weet ik dat ok neet, man dat kann neet wied weg wesen, he kummt to 'n minnsten elker Dag mit sien Rad na d' Arbeid."

Von der deutsch-niederländischen Grenze

Ostfriesland ist der östliche Teil von Friesland. Demzufolge liegt Westfriesland in den Niederlanden. Man muß das wissen, um zu verstehen, warum dieses kleine Land im Nordwesten der Bundesrepublik so bezeichnet wird. Es kommt immer wieder vor, daß Leute Ostfriesland mit Ostpreußen verwechseln.
Ostfriesland wird von den Niederlanden durch eine Landesgrenze getrennt. Dabei gibt es mancherlei Kontakte hinüber und herüber, besonders in kultureller Hinsicht. Die fast gleichen Dialekte in der Provinz Groningen und in Ostfriesland vereinfachen sie.
Trotzdem: Grenze ist Grenze, und bei Grenzüberschreitungen müssen Zollgesetze beachtet werden. Der Findigkeit, sie zu umgehen, sind dabei kaum Grenzen gesetzt.
Ein im Grenzgebiet wohnender Ostfriese hat jahrelang die guten, stabilen Fahrräder ohne Zoll über die Grenze gebracht. Wie er das gemacht hat?
Nun, er pflegte zu Fuß über die Grenze zu gehen, kaufte sich in Holland ein Fahrrad, besorgte sich irgendwo einen Pappkarton, sammelte unterwegs fleißig Löwenzahn und andere Kräuter, schnallte den Karton auf den Gepäckträger hinten am Fahrrad und steuerte der Grenze zu. Der Karton fiel den Zollbeamten mehr auf als das Gefährt, und so fragten sie regelmäßig danach, was der Grenzgänger darin Verdächtiges mit sich führe. Wahrheitsgemäß gab er Auskunft: „Dat is Freten (Futter) för mien Kaninen." Jede Kontrolle bestätigte die Richtigkeit dieser Aussage. Das ging so lange gut, bis er eine Wachablösung der Zollbeamten falsch eingeschätzt hatte. Dem diensttuenden Zöllner

war im Gedächtnis geblieben, daß er vor einigen Stunden die Grenze ohne Fahrrad überschritten hatte. Er entrichtete seine Zollgebühren, unterließ von da ab seine Schmuggelfahrten, konnte aber in Bekanntenkreisen immer wieder berichten: „Intüsken harr ik Fahrraden genug. Mien heel Familje hebb ik in Tied van 'n halv Jahr 'n moje un billige Rad besörgen kunnt."
(inzwischen hatte ich Fahrräder genug. Meiner ganzen Familie hab ich in der Zeit von einem halben Jahr ein schönes und billiges Rad besorgen können.)

Nicht so gut war die Masche eines anderen. Der kaufte sich in Holland ein Kilo Kaffee. Als der Zollbeamte das Paket entdeckte, fragte er ihn: „Und was ist das?"
„Och", meinte er, „dat is wat för mien Papagoi (Papagei)."
Darauf wollte sich der Zollbeamte aber nicht einlassen: „Mann, Sie spinnen wohl, Ihr Papagei frißt doch wohl keinen Kaffee?"
„So, menen Se dat? Ik doch, ich wull dat mal utprobeeren – un wenn he gien Koffje mag, dann mott he dat nalaten."
„Und warum halten Sie sich überhaupt so einen Vogel?"
„'t is mi seggt worden, dat de Dinger wall 100 Jahr old worden; do doch ik, dat wull ik mal utprobeeren."

Ein anderer Ostfriese hatte Glück mit seiner Masche. Als er gefragt wurde, ob er etwas zu verzollen habe, fragte er: „Wat mutt man dann vertollen?"
Die Antwort war: „Tee, Tabak, Kaffee und Schokolade."
Darauf sagte er: „Roken doo ik overhoopt neet, un wat de Tee angeiht, de Hollanders kunnen mi hör Tee umsünst geven, dann nahm ik de noch neet mit. Ik drink blot Oostfresentee."
Der Zollbeamte, auch ein Ostfriese, zwinkerte ihm zu: „Dann maak man, dat du na Huus kummst und drink mit dien Frau 'n lecker Tass hollandse Koffie."

Auf dem Bahnhof und im Zug

Ein Reisender kommt auf den Bahnsteig gestürzt und sieht den Stationsvorsteher. Er geht auf ihn zu und fragt: „Krieg ik de Zug noch na Papenbörg?" Der antwortete seelenruhig: „Dat kummt dorup an, wo fell Se lopen (schnell Sie laufen). De Zug is nett (gerade) vör een Minüt offahren."

Einer, der es faustdick hinter den Ohren hat, verlangt am Schalter: „Geven Se mi even 'n Fahrkaart."
„Wor willen Se denn hen?" fragt der Beamte.
„Dat geiht Hör (Sie) nix an, geven Se mi 'n Kaartje."
Darauf händigt ihm der Beamte eine Fahrkarte aus nach Leer. Der Reisende steckt sie ein, besteigt den Zug und steigt unterwegs in Oldersum aus. Seinen Bekannten erzählt er nachher: „De hebb ik moi anscheten. Ik wull blot bet Oldersum, und de Keerl hett mi 'n Kaart geven heel bet Leer!"

Zwei Frauen vom Lande fahren mit einem halbwüchsigen Jungen mit der Bahn von Leer nach Oldenburg. Unterwegs ist Fahrkartenkontrolle. Dabei zeigt die Mutter für ihren Jungen ein Kinderbillet vor.
„Dat geiht neet", sagt der Schaffner, „de Jung is ja gien Kind mehr, de hett ja al 'n lang Büxen (Hose) an!"
„Is good", sagt die Mutter, „man dann bruuk ik blot 'n halve Kaart, ik hebb kört Büxens an", und die Großmutter gibt noch einen darauf: „Wenn 't dorna geiht, dann bruuk ik ja wall overhoopt neet betahlen!"

In die Kleinbahn von Emden nach Greetsiel stieg eine etwas beleibte Frau ein. Sie musterte die Sitzplätze, sie waren alle besetzt. In der einen Reihe aber entdeckte sie einen schlanken Herrn und daneben eine ebenso schlanke Dame. Resolut setzte sie sich zwischen die beiden, drängte sie zur Seite und beruhigte sie: „Wenn de Zug man eerst weer in Fahrt is, dann sölen Ji man sehn, dann rökelt (schaukelt) sük das bi mi alles torecht."

Jan Klein, so wurde die Kleinbahn von Leer nach Aurich im Volksmund genannt, war wieder unterwegs. In einem Abteil saß Hero Janssen. Er hatte seiner Frau gesagt: „Dat is 'n lange Reis, pack mi man good wat in, 'n Stück of wat Botterbroden un ok 'n lüttje Buddel Kuur."
„Is good", hatte seine Frau gesagt, „man dat du dor neet ehrder bigeihst as bet du in Bagband büst. Dat is so wat de Hälfte van de Strecke."
Hero Janssen hatte mehr Durst als Appetit. Darum öffnete er schon beim Erreichen der ersten Station seine Tasche und zog die Flasche heraus, um sich einen gehörigen Schluck zu genehmigen. Als er die Flasche aus dem Papier auswickelte, fiel ihm ein Zettel auf, der an der Flasche befestigt war. Darauf hatte seine Frau geschrieben: „Nu segg blot, du bist al in Bagband!"

Hinnerk Oldewortel kletterte in Pewsum in die Kleinbahn, die nach Emden fuhr. Er machte es sich gemütlich und dazu gehörte, daß er ein ordentliches Stück Kautabak hinter seine Backenzähne schob. Hatte sich genügend Saft in seinem Mund gesammelt, spuckte er den mit einem entsprechenden Zischlaut einfach auf den Boden des Abteils.
Ihm gegenüber saß eine Dame, der das gar nicht paßte. Sie räusperte sich ein paarmal, aber ohne Erfolg. Schließlich raffte sie sich zu den Worten auf: „Entschuldigen Sie, meinen Sie, es sei erlaubt, in den Wagen zu spucken?" Hinnerk Oldewortel beruhigte sie: „Worum dat dann neet? Spejen (spucken) Se man driest (dreist, ruhig) ut – ik doo dat ja ok!"

Auf der Rückreise von einer landwirtschaftlichen Ausstellung in Hannover leisteten sich zwei Bauern eine Fahrt mit der 1. Klasse. Sie betraten das Abteil und machten es sich gemütlich. Dann sagte Theke Dieken zu Andreas van Scharrel: „Man du dürst dien Been neet up't Sofa leggen. Da hört sük neet, Dreke! Nehm dien Been weg!"
„Dat doo ik neet", war die klare und feste Antwort von Andreas van Scharrel.
„Man wat sölen de Lü van uns denken? Wenn hier nu noch annern bi uns komen un willen hier sitten gahn. Ik mag di beden, nehm dien Been weg!"
Andreas van Scharrel ließ sich auch dadurch nicht beeindrucken. Da tauchte der Schaffner in der Nähe auf, und Theke Dieken machte noch einmal den Versuch, seinen Kollegen zur Einsicht zu bringen: „Du, paß up, de Schaffner kummt. Wenn de sücht, wo du di hier upföhrst, de smitt di herut. Ik mag di beden, nu nehm doch dien Been van dat moje Sofa!"
Darauf antwortete Andreas van Scharrel: „Du, ik wull dat ja wall, man ik kann dat neet. Dat bünt gar neet mien Been, dat bünt ja diens!"

Verwandtschaft

In Ostfriesland werden verwandtschaftliche Beziehungen sehr geschätzt. Bei einem Besuch gibt man oft nicht eher Ruhe, als bis man eine Verwandtschaft festgestellt hat, und sei es auch um viele Ecken.
Ein Pastor war mit seiner Gemeinde unterwegs, um einen Ausflug zu machen. Die erste Station war ein kleines Dorf im katholischen Emsland. Der Ortspastor dort hielt einen Vortrag über die Geschichte seiner Kirchengemeinde in der Diaspora.
Noch während des Vortrags machte sich Dirk Bloem an seinen Ortspastor heran und fragte ihn: „Wo heet (heißt) disse Pestoor?"
„De heet Mescher, Folgert Mescher!"
„O so!"
Nach einer Weile näherte er sich wieder seinem Pastor mit der ihn bedrängenden Frage, ob dieser Pastor wohl verwandt sein könnte mit dem Pastor von Jarsum.
„Nee, Bloem", war die Antwort, „disse Pestoor heet ja Mescher, un de Pestoor van Jarsm heet Metger, Martin Metger."
„O so!"
Nach einer längeren Denkpause kam nun die weitere Frage: „Herr Pestoor, dor was doch mal 'n Teltmissionar (Zeltmissionar) in Emden; of disse Pestoor dann wall mit de verwandt is?"
„Nee Bloem, de Naam van de Teltmissionar is Mezger."
„O so."
Nun dauerte es doch etwas länger, bis Dirk Bloem einen letzten Versuch machte: „Kunn dat wall angahn (könnte

das wohl sein), dat de Pestoor van Jarsm un de Teltmissionar mit 'n anner verwandt bünt?"

„Seker", antwortete nun Pastor Immer, um den lästigen Frager loszuwerden, „se stammen ja beide van Adam un Eva of."

Überrascht und entzückt und nachdenklich murmelte Dirk Bloem nun vor sich hin: „Dann wassen dat ok al Oostfresen!"

In der Schule – auf dem Schulhof

Zu meiner Schulzeit hatte der Lehrer noch einen Stock, den er auch betätigte, wenn es seiner Meinung nach sein mußte. Davon betroffen wurde jeweils das Hinterteil der Jungen, während die Mädchen von solchen Züchtigungen verschont blieben. Die mußten allenfalls eine Hand vorhalten, und der Lehrer versuchte, sie mit einem Lineal zu treffen, wobei die Reaktionsfähigkeit der Mädchen dem entscheidenden Schlag meistens zuvorkam. Dazu hatten die Jungen weniger Gelegenheit und Möglichkeit.
Einmal hatte Rino Sluiter seine Hausaufgaben nicht gemacht. Der Lehrer machte eine entsprechende Bewegung mit seinem Zeigefinger, und Rino mußte nach vorne kommen. Dann lautete das Kommando: „Bück dich!" und es erfolgte die Züchtigung.
Langsam kehrte Rino Sluiter zu seinem Platz zurück, wobei er vorsichtig mit beiden Händen sein Hinterteil abtastete, was wohl mit ihm passiert sei. Da war doch noch hoffentlich alles in Ordnung? Unruhig rutschte er anschließend auf der Bank hin und her, und seine Gedanken beschäftigten sich ängstlich damit, was der Vater sagen würde, wenn er davon hörte. In der Zeit mußte man befürchten, daß die Väter den Streichen der Lehrer noch welche hinzufügten. Als der Junge zu Hause ankam, stellte er befriedigt fest, daß weder Vater noch Mutter anwesend waren.
Oft hatte er beobachtet, daß seine Mutter vor einem Spiegel stand, der so groß war wie die Schranktür, um ihre Kleidung oder Haartracht zu kontrollieren. Also ging er ins Schlafzimmer, öffnete die Schranktür und stand nun vor dem Spiegel. Er stellte sich ein wenig schräg, lockerte seine

Hosenträger und ließ langsam seine Hose bis zu den Füßen hinuntergleiten. Und dann staunte er und erschrak, was er zu sehen bekam als einer, der sich wohl noch nie Gedanken darüber gemacht hat, wie Gott die Menschen erschaffen hat, wenn sie auf die Welt kommen.
Seine ganze Gemütsbewegung faßte er dann in die zwei Worte zusammen: „He, dwarsdör" (mittendurch)!

Der Lehrer unterrichtete die Kinder über die Geschichte des Volkes Israel. Dann fragte er nach dem Namen des Flusses, der quer durch Palästina hindurchfließt, aber kein Kind wußte eine Antwort. Nun malte er ein großes J und ein kleines n an die Wandtafel und sagte den Kindern, sie möchten die fehlenden Buchstaben dazwischen ergänzen. Sofort wußten fast alle Bescheid und riefen im Chor: Jadebusen.

Ein neues Schuljahr hatte begonnen. Die Schulanfänger waren zum ersten Mal zur Schule gekommen. In der Pause ging der Rektor der Schule über den Schulhof und sprach den einen oder anderen an, woher er käme, wie er hieße. An einer Stelle standen zwei hellblonde Mädchen zusammen von ungefähr gleicher Statur. Rektor Baumfalk ging auf sie zu, begrüßte sie und meinte: „Ihr seid sicher Zwillinge!" Darauf antwortete eins der Mädchen: „Twennels bünt wi neet, man Nahberskinner" (Nachbarskinder).

Der Schulrat hatte sich bei einem Lehrer auf dem Dorf zur Visitation angemeldet. Das gab natürlich Aufregung in der Schule! Der Lehrer empfahl einigen Kindern, mit denen er keinen Staat machen konnte, an dem Tag lieber zu Hause zu bleiben. Mit den anderen verabredete er, entweder den linken oder den rechten Arm hochzuhalten, woran er erkennen könnte, ob sie die Antwort wüßten oder nicht.
Am letzten Tage vor der Visitation kam eine letzte Ermahnung. Die Kinder sollten in sauberen Kleidern kommen und gut gewaschen und gekämmt sein. Dabei sollten sie be-

sonders auf saubere Fingernägel und einen gut gewaschenen Hals achten.
Als der Tag der Visitation gekommen war, traf die Nachricht kurz vor Schulbeginn ein, daß der Schulrat wegen einer plötzlichen Krankheit nicht kommen könne. Die Enttäuschung war groß, alle Vorsichtsmaßnahmen waren umsonst getroffen worden. Dirk Leemhuis entrang sich dabei der Seufzer: „Dor stahn wi nu mit uns wusken Halsen!" (Da stehen wir nun mit unseren gewaschenen Hälsen.)

Angst vor Wasser?

Was wahr ist, das ist wahr, und dazu will ich mich jederzeit bekennen. Aber wenn einem etwas nachgesagt wird, was nicht stimmt, dagegen muß man sich wehren, und darum kann ich das nicht unwidersprochen lassen, wenn den Ostfriesen nachgesagt wird, daß sie nicht gut Freund sind mit dem Wasser. Es ist nicht so, daß sie Wasser nur für die Zubereitung von Tee benutzen, im Gegenteil, sie sind sauber und reinlich. Freilich gehen sie sorgfältig und sparsam mit Wasser um, und das hat seine Gründe.
In früheren Jahren gab es bei uns nur Regen- und Brunnenwasser, und man konnte nicht einfach den Wasserhahn aufdrehen. Das Wasser mußte vom Himmel herabregnen und in sogenannte Regenbacken aufgefangen werden. Regnen tut es nicht alle Tage, und darum waren diese Regenbacken im Sommer oft leer. Bei den gegrabenen Brunnen war man auf den jeweiligen Stand des Grundwassers angewiesen.
Als Kinder wurden wir in unserem Elternhaus einmal in der Woche von oben bis unten geschrubbt, das passierte immer am Sonnabend abend. Wir waren fünf Geschwister, und für uns stand dann ein Gefäß mit warmem und ein Eimer mit kaltem Wasser zur Verfügung. Kein Tropfen Wasser wurde leichtsinnig und unnötig vertan.
Ich denke, von daher muß man diesen Witz verstehen, der von einem Ostfriesen erzählt, der an einem Sonntag in München ankommt und sich ein Zimmer in einem Hotel bestellt. Der Portier fragt: „Mit Bad?" Darauf beginnt der Ostfriese an seinen Fingern abzuzählen: „Montag, Dienstag, Mittwoch, Donnerstag, Freitag, Sonnabend ..." und

meint dann: „Nee, dat laten Se man, Saterdag bün ik ja weer in Huus."

Mein Onkel, der alte Sanitätsrat in Pewsum, saß abends gerne lange auf, um sich mit seinen Hausgenossen etwas zu erzählen. Seiner Frau dauerte das oft zu lange und sie verabschiedete sich dann, um zu Bett zu gehen. Nebenan stand für sie eine Waschschüssel und eine Kanne Wasser bereit für ihre Abendtoilette. Wenn der alte Herr nun die entsprechenden Geräusche beim Waschen hörte, pflegte er wohl seine Rede zu unterbrechen und sagte: „Weest even still: se is weer an t' Plätschern."

Es gibt ein kleines Buch, das ist über hundert Jahre alt: „Plattdütse Vertellses van 'n Krummhörner Jung." Darin wird folgende Geschichte erzählt:
Klaas und Geerd stehen in Emden vor dem Gebäude mit der Aufschrift: Lotterie-Collekteur B. Davids. Das regt die beiden an zu folgendem Gespräch:
„Segg is, Geerd, wenn du nu 500 000 Mark winnen däst, wat maakst du dormit?"
Geerd wußte wohl, was er damit tun würde, und fing an, aufzuzählen: „Ik würr mi 'n neei Anzug kopen, dann würr ik mi 'n heel groot Huus bauen, un dann würr ik mi 'n Wagen halen mit veer Peer dorvör. Ja, un dann ja dat Leckerste eten un drinken. Un wenn ik dann noch Geld harr, würr ik 'n grote Reis maken, am leevsten na Italien."
„So", sagt Klaas, „dat is 't all?"
„Wat würrst du dann doon?" fragt nun Geerd.
„Ik?", meint Klaas, „wat ik dä? Ik würr mi 'n halv Jahr lang neet mehr wasken."

Zum Verhältnis der Ostfriesen zum Wasser ist Folgendes zu bedenken: Die Leute an der Nordsee haben sie immer auch als Mordsee kennengelernt. Noch heute wissen sie von den Zeiten, als die Seeleute mit Segelschiffen unterwegs waren, wie gefährlich das große Wasser ist. Da ist oft ein männli-

ches Mitglied der Familie auf hoher See geblieben. Das Wasser war ihnen unheimlich, sie sahen darin ihren Feind, der so manches Opfer gefordert hat. Von daher ist auch wohl zu erklären, daß viele Menschen an der Waterkant nicht schwimmen können.
Eine alte Redewendung besagt: „Lever mit 'n oll Wagen over 't Land as mit 'n neei Schipp up 't Water", und eine andere: „Ik bün neet bang vör Natt, man mit Water mußt du mi neet komen."

Frau Siemens war zu ihrem Hausarzt gegangen. Sie klagte über Schmerzen im linken Bein. Mit alten Hausmitteln hatte sie versucht, Linderung der Schmerzen zu erzielen, aber nichts hatte angeschlagen. Der Arzt meinte, das käme sicher vom Alter. „Nee", sagte sie, „dat kann neet, mien rechter Been is genau so old as mien linker, und Pien hebb ik blot in dat linke Been."
Schließlich forderte der Arzt sie auf, ihre Strümpfe auszuziehen, damit er das Bein besser untersuchen könnte. Da näherte sie sich ihm und meinte: „Is dat nödig? Se willen seker blot sehn, of ik mien Foten (Füße) ok wusken hebb. Man dor hebben Se gien Glück mit, ik harr güstern mien Waskedag."

Bruno Loets erzählt in seinem Büchlein „Uns Kea" von der treuen Dienstmagd, die im Pastorenhaushalt in Stellung war. Dort war der Sonnabend der große Waschtag, den Kea gar nicht liebte.
Am Abend eines solchen Tages fragt Frau Pastor das Mädchen: „Nu, Kea, hest du di ok wusken?"
„O – naja –".
„Richtig wusken, meen ik!"
„Och – so –".
„So, mal weer neet, un worum neet?"
„Och, Frau Pestoor, as ik dat völe moi warm Water sach, do kunn mi dat doch begroten (leidtun). Ik muß denken: ‚Dor könen wi doch völ wat Beters mit anfangen.'"

(Ach, Frau Pastor, als ich das viele schöne warme Wasser sah, da tat mir das doch leid. Ich mußte denken: Da könnten wir doch etwas viel Besseres mit anfangen.)

Den Frühjahrsputz nennen die Ostfriesen Schummeln. Dann wird das ganze Haus förmlich auf den Kopf gestellt und bis in die letzten Ecken und Fugen gereinigt.
Im Wohnzimmer eines Hauses hing ein großes Bild. Auch das mußte abgenommen werden, um den Rahmen und die dahinter befindliche Wand gründlich zu säubern.
Die Hausgehilfin nimmt eine Trittleiter, steigt hinauf und versucht, das Bild herunterzunehmen. Da gleitet es ihr aus der Hand, das Bild fällt zu Boden, das Glas zerbricht in tausend Scherben. Die Hausfrau eilt herzu, ist ungehalten und beginnt zu schimpfen.
Da sagt das Mädchen: „Nu regen Se sük man neet up. So leep (schlimm) is dat doch neet. Se mutten alltied denken: 't is doch man blot 'n Bild."
Aber die Hausfrau gibt sich nicht zufrieden und lamentiert weiter: „Dat moje Bild, dat ik alltied so geern bekieken dä, dat Middelmeer van Capri!"
„Ja, jüst (eben) dorum is 't doch man good, dat dat blot 'n Bild is."
„Blot 'n Bild?"
„Ja, denken Se doch even, wenn dat gien Bild was, dann harren wi dat hele Water in uns moje Kamer kregen!" (Ja, denken Sie doch mal, wenn das kein Bild wäre, dann hätten wir das ganze Wasser in unsere schöne Stube bekommen.)

Wenn's um Geld geht

Zwei Ostfriesen vom Lande hatten schon immer den Wunsch, einmal zu verreisen und dabei hohe Berge kennenzulernen. Im Sommer fanden sie nie Zeit dazu, dann gab es immer zu viel Arbeit im Garten und mit den Tieren. Aber im Winter, so meinten sie, könnten sie sich ein Weggehen von zu Hause wohl leisten.
Nun weiß ich aus eigener Erfahrung, daß Ostfriesen dann zunächst enttäuscht sind. Als meine Mutter von Ostfriesland nach Bethel verzog, lud sie öfter Glieder aus ihrer alten Gemeinde ein und zeigte ihnen dann auch voller Stolz die Höhenzüge des Teutoburger Waldes; meistens wartete sie umsonst auf ein Zeichen von Staunen und Bewunderung. Stattdessen kam oft die Enttäuschung mit Worten zum Ausdruck wie etwa: „Hier kann man ja gar neet wied kieken."
Als die beiden ostfriesischen Männer in der Schweiz angekommen waren, legte sich auch ihnen aufs Herz, daß ihnen der freie Blick durch hohe Berge verstellt war. Also wollten sie unbedingt auf einen dieser Berge steigen, wenn der Schnee dabei auch ein besonders erschwerendes Hindernis war. Aber sie ließen sich von ihrem Vorhaben nicht abhalten und stapften tapfer drauflos und den Berg hinauf.
Doch dann passierte das Unglück. Der eine kam ins Rutschen und fiel hin, wollte sich an dem andern festhalten, zog ihn aber dadurch mit ins Verderben. Nun kollerten die beiden den Berg hinunter, eine mächtige Schneewolke wirbelte auf, so daß vorübergehende Spaziergänger darauf aufmerksam wurden.
Ein Unglück mußte geschehen sein. Einer lief sofort zu der

Säule mit dem Vermerk ‚Bergwacht', drückte auf den Knopf, gab die entsprechende Nachricht durch und bezeichnete die Unglücksstelle. Es dauerte nicht lange, da fuhr ein Rote-Kreuz-Auto vor, zwei junge Männer sprangen aus dem Führerhaus und erkundigten sich nach dem Geschehen. Man erzählte ihnen von zwei Männern, die auf dem Bergabhang gesichtet worden waren, dann aber waren sie abgerutscht und da unten, unter dem kleinen Schneehügel, müßten sie sich befinden.

Der eine junge Mann meinte, die hätten sicherlich einen Schock erlitten, müßten erst einmal beruhigt und langsam wieder zu Bewußtsein gebracht werden. Er holte aus dem Auto ein Sprachrohr, setzte es an den Mund und sprach mit lauter Stimme in das Tal hinunter: „Achtung! Achtung! Können Sie mich verstehen?" Tatsächlich zeigte der laute Ruf Wirkung. Man konnte beobachten, wie die beiden Verunglückten langsam aus dem Schnee hervorkrochen und sich behilflich waren, den Schnee abzuklopfen. Zuerst rutschten sie noch auf den Knien hin und her, doch dann erhob sich der eine, gab dem anderen die Hand und zog ihn hoch. Nun schauten sie verdutzt um sich und bemerkten auch die Volksmenge dort oben und hörten die Rufe „Achtung! Achtung!". Sie schienen wohl darüber nachzudenken, was das alles zu bedeuten hätte. Da sahen die Rote-Kreuz-Männer die Gelegenheit gekommen, eine weitere Mitteilung zu machen: „Achtung, Achtung, können Sie mich verstehen? Hier ist der Rote-Kreuz-Wagen."

Das war für die beiden dort unten neuer Unterhaltungsstoff; man sah, wie sie aufeinander einredeten, und dann waren sie sich wohl einig geworden. Sie stellten sich in strammer Haltung nebeneinander auf, legten die Hände vor den Mund und gaben das Ergebnis ihrer Unterredung bekannt: „Fahren Sie man ruhig weiter, wir sind Ostfriesen, wir geben nichts."

Diese Geschichte habe ich nach dem Abendgottesdienst am Silvester erzählt mit dem Bemerken: „So denken die Leute in der Schweiz über uns. Nächstes Jahr fahre ich wieder dorthin und möchte sie gerne Lüge strafen, indem ich ihnen erzähle, was Ihr heute abend in die Kollekte ‚Brot für die Welt' gebt." Das Ergebnis hat mich nicht enttäuscht, es übertraf die Vorjahrskollekte um einige tausend Mark. Fazit: also sind die Ostfriesen doch wohl nicht so geizig.

Die alte Frau Siefken lebte in kümmerlichen Verhältnissen. Sie dachte an Weihnachten, ob wohl jemand an sie denken würde. Nach einigem Überlegen griff sie zu Papier und Stift und schrieb einen Brief an den lieben Gott, ob er ihr nicht durch den Weihnachtsmann 100 Mark schicken könnte. Davon wollte sie sich Lebensmittel und Kohlen kaufen. Auf den Umschlag schrieb sie einfach: „An den lieben Gott" und steckte ihn in den Briefkasten.
Beim Sortieren der eingegangenen Briefe auf dem Postamt fiel Harm Spieker dieser Brief in die Hände. Er war ratlos, was er mit dem Brief machen sollte. Seine Kollegen rieten ihm: „Dat geiht seker um Geld. Stür de Breev man na 't Finanzamt, de hebben ja Geld genug."
Gesagt, getan. Als der Brief auf dem Finanzamt ankam, landete er auf dem Tisch des Direktors. Dem wurde weich um's Herz, der Frau müßte geholfen werden. Er rief seine Leute zusammen und machte ihnen den Vorschlag, durch eine Sammlung Geld für die alte Frau aufzubringen. Das Ergebnis lag bei 87 Mark. Der Bote Heddens wurde beauftragt, ein kleines Schreiben aufzusetzen, daß der Weihnachtsmann die Bitte der Frau erhört habe, man habe 87 Mark für sie gesammelt. Zum Schluß schrieb er: „Mit 'n Kumpelment (Empfehlung) to Wiehnachten van't Finanzamt." Dann machte er sich auf den Weg und steckte den Umschlag in den Briefkasten von Frau Siefken.
Zuerst kam eine große Freude und Dankbarkeit über die alte Frau, aber dann behagte ihr doch nicht, daß das Finanzamt eingeschaltet worden war, und auf einmal meinte sie auch, sich erklären zu können, daß sie nicht die erbetenen 100 Mark, sondern nur 87 Mark bekommen hatte.
Sie setzte sich hin und schrieb noch einmal einen Brief:

„Leve Heer, dat Geld is good bi mi ankomen, ik bedank mi ok van Harten. 'n anner Mal stür mi dat Geld doch lever direkt in Huus un neet over't Finanzamt. De hebben doch van de 100 Mark 13 Mark oftrucken (abgezogen), un dat find ik neet gerecht."
Als der Brief mit der Anschrift „An den lieben Gott" auf dem Postamt ankam, hatte zum Glück Harm Spieker keinen Dienst. Der Beamte, der die Aufschrift las, dachte an einen Ulk und warf den Brief ungeöffnet in den Papierkorb. Das war auch gut so, sonst hätten die Leute vom Finanzamt auch diesen Brief zu lesen bekommen, und das war ja wohl nicht nötig.

Berend traf mit Hajo zusammen. „Wor wullt du denn noch so laat hen?"
„Och, ik mutt noch na 't Finanzamt; dit is de lesde Dag, dat ik mien Stüren (meine Steuern) betahlen mutt."
„Dor bruukst du neet mehr hen, dat Finanzamt is sloten."
„Wat seggst du? Dat Finanzamt is dicht? Is dat wahr?"
„Ja, seker, ik hebb güstern 'n Schrieven van 't Finanzamt kregen, un dor steiht dat up, swart up witt (schwarz auf weiß): ‚Dies ist nun das letzte Schreiben, das Sie von uns erhalten.'"

Es ist Silvester. Da wird in der Großen Kirche von Leer schon seit vielen Jahren plattdeutscher Gottesdienst gehalten, der außerordentlich gut besucht wird.
Kurz vor Ladenschluß kommt Hinni noch in den benachbarten Bäckerladen gestürzt, legt ein Zweipfennigstück auf den Ladentisch und sagt: „Unkel, kannst du mi de wall even kleenmaken?" Der Bäcker wundert sich und fragt ihn: „Man wat wullt du denn mit twee enkelde (einzelne) Pennen anfangen?" Da antwortete Hinni: „Dat is so, van avend is ja plattdütse Kark, un dor willen Papa un Mama beid hen."

Hannes Snieder war gestorben. Aus diesem Anlaß kamen die drei Söhne noch einmal zusammen und gingen zum Sarg, um gemeinsam Abschied von ihrem Vater zu nehmen. Sie waren alle drei etwas Rechtes geworden, und dem Vater war es wahrhaftig nicht leicht geworden, alle Söhne studieren zu lassen. Der eine war Pastor geworden, der andere Advokat und der dritte hatte Landwirtschaft studiert, bevor er den väterlichen Hof übernahm.

Der Landwirt sagte zu den Brüdern: „Vater hat viel für uns getan. Ich meine, wir sollten ihm dafür ein Zeichen des Dankes mit auf seinen letzten Weg geben. Ich schlage vor, jeder von uns legt einen 1000-Markschein in seinen Sarg."

Nach der Beerdigung kam dem Pastor immer wieder der Gedanke, ob seine Brüder das auch getan hätten, was sie verabredet hatten. Er selbst hatte noch am selben Tag seinen Schein in den Sarg gelegt.

Als die Brüder wieder einmal zusammengekommen waren, faßte der Pastor sich ein Herz und fragte danach, ob die beiden anderen ihr Versprechen gehalten hätten. „Meentst du, Brör", so antwortete der Advokat, „dat ik to de Soort van Afkaten hör, de dorvan leven, dat se an de Lü, de se vör Gericht vertreden, seggen: ‚Segg du mi man de reine Wahrheid, dat Legen (Lügen) overlaat mi'? Nee, dor kennst du mi slecht! Ik hebb de anner Dag 'n Umslag mit 'n Dusendmarkschien in die Kist leggt. Man wo is dat mi di" und dabei wandte er sich dem Bauern zu, „hest du dien Fliet ok daan (bist du deiner Verpflichtung auch nachgekommen)?"

Der Bauer warf sich in die Brust: „Ik hebb neet blot dusend Mark geven, ik hebb uns Vader tweedusend Mark mitgeven."

„Wo dat?" wollten nun beide Brüder wissen. „Och", meinte der, „ik hebb 'n Scheck over veerdusend Mark utschreven un dat Geld van jo d'r weer utnohmen."

Da meinte der Rechtsanwalt: „Keerl, an di is 'n Afkaat verlorengahn! Is man good, dat wi ok 'n Pestoor in 't Familje hebben."

Oma Janssen hatte ihr erspartes Geld immer zu Hause aufbewahrt. Ihre Angehörigen sprachen mit ihr darüber, das sei zu gefährlich und außerdem, wenn sie das Geld zur Bank brächte, bekäme sie auch noch Zinsen gutgeschrieben.
Frau Janssen tat, wie man ihr geraten, hatte aber keine ruhige Minute mehr, was mit ihrem Geld wohl passieren würde. Sie hielt das auf die Dauer nicht aus, nahm ihr Sparbuch und ging zur Bank.
Sie schob dem Schalterbeamten ihr Sparbuch zu und meinte: „Ik wull mien Geld wall weerhebben."
Der fragte erstaunt: „Alles?"
„Ja, seker doch", antwortete die alte Frau. Das Geld wurde ihr ausbezahlt, Frau Janssen setzte ihre Brille auf und fing in aller Umständlichkeit an, das Geld nachzuzählen. Als sie das Geld durchgezählt hatte, kam ein helles Leuchten in ihre Augen und sie atmete erleichtert auf: „Dat Geld is d'r noch. So, un nu nehmen Se dat man weer torügg, ik wull blot even sehn, of mien Geld d' ok noch all weer."

Kennen Sie Pontius Pilatus?

Im Borromäushospital in Leer gab es in den letzten Jahren viel Unruhe durch Umbauten, Anbauten und Renovierungen im Hauptgebäude. Dafür wurden viele Arbeitskräfte benötigt, die aus der näheren Umgebung kamen.
An einem trüben Novembertag beobachteten zwei Nonnen vom Fenster eines Flurs auf der oberen Etage, wie diese Arbeiter in einer Pause zusammenhockten, ihr Butterbrot aus dem Papier wickelten und aus einer Thermosflasche tranken.
Schwester Felizitas sagte: „Nun sieh doch mal die armen Leute. Sie müssen körperlich so hart arbeiten und das bei Wind und Wetter und bekommen nicht mal warmes Essen!"
Darauf entgegnete Schwester Veronica: „Und wir nennen uns Schwestern der Barmherzigkeit! Wir haben nicht nur genug zu essen, sondern in der Küche bleibt immer so viel übrig. Sollten wir dann denen nicht davon abgeben, denen es nicht so gut geht?"
Beide beschlossen, der Schwester Oberin ihr Anliegen vorzutragen, und stießen bei ihr auch auf volles Verständnis. Sie sagte, sie würde diese Angelegenheit selbst in die Hand nehmen und regeln.
Für den nächsten Tag bestellte sie in der Küche einen Henkelmann, in dessen Töpfen sich Gemüse, Fleisch, Kartoffeln und Suppe befanden. Damit ging sie über den Hof, um die Arbeiter damit zu erfreuen.
Aber unterwegs kamen ihr Bedenken. War das wohl richtig, was sie tat? Wenn das nun einer sehen würde von denen, die durch Spenden und Opfer bei Straßensammlungen und

Kirchenkollekten die Arbeit des Krankenhauses unterstützten! Die meinten doch sicher, das Geld käme Armen und Kranken zugute! Die Bauarbeiter waren doch gesund und verdienten ihr gutes Geld. Und dann kamen sie auch noch aus einem Gebiet, in dem kaum katholische Christen wohnten. Die meisten gehörten doch sicherlich einer evangelischen Kirche an.
Dann überlegte sie, aber deshalb können sie doch gute Christen sein. Vielleicht kann ich sie ja einmal testen, ob sie nicht etwas wissen vom Worte Gottes und aus der Geschichte der Kirche.
Noch in solchen Gedanken versunken, traf sie auf den ersten Maurer. Freundlich sagte sie: „Guten Tag!" Der hatte wohl nicht genau hingehört und fragte zurück, indem er eine Hand hinters rechte Ohr hielt: „He?" Nun wagte die Oberschwester, ihren Gruß lauter zu äußern, und bekam nun auch laut und freundlich die Antwort: „Ach so, dann ok ‚Goden Dag'!"
„Entschuldigen Sie", fuhr nun die Schwester schon mutiger geworden fort, „ich habe ein kleines Anliegen an Sie!"
„Wat willen Se", entgegnete der Mann, „Se willen sük mit mi anleggen?" (Sie wollen sich mit mir anlegen?)
Sie verbesserte sich: „Ich meine, ich hätte eine Frage an Sie!"
„Ja, dann fragen Se doch!"
„Sagen Sie mal, kennen Sie Pontius Pilatus?"
Erstaunt fragte der Maurer zurück: „Wo heet de Keerl?"
„Ich sagte es doch, Pontius Pila‐‐‐", aber da fiel ihr der Mann ins Wort: „Moment mal, heet de nu van Pontius of (oder) Pilatus?"
„Aber, mein lieber Mann, ich sagte doch Pontius Pilatus. Kennen Sie Pontius Pilatus nicht?"
„Nee", nahm nun wieder der Arbeiter das Wort, „de Naam hebb ik noch noit hört. Ik löv ok neet, dat he hier is. Man wachten Se (warten Sie), ik help Hör. Blieven Se man stahn!"
Nun schaute unser Mann nach oben, dort arbeitete auf dem

Gerüst sein Kollege Thomas Dieken. Den rief er an: „Thomas, hör even!"
Der schaute von seiner Arbeit auf und hinunter zu dem Anrufer: „Is d'r wat?"
„Ja, ik wull geern weten, of dor boven bi di een arbeidt, de heet van Pontius Pilatus?" (Ich möchte gern wissen, ob da oben bei dir einer arbeitet, der Pontius Pilatus heißt.)
„Wo sall de heten?"
„Hörst ja wall, Pontius Pilatus!"
„Nee du, hier is gien een, de so heet. Hier is wall Harmannus und een heet van Relotius. Man 'n Pontus of 'n Pilatius hebben wi hier neet. Wat sall de dann?"
„Och", klang es nun wieder von unten, „ik löv, sien Ollske is hier un will hum Middageten brengen." (Ich glaub', seine Alte ist hier und will ihm das Mittagessen bringen.)

Schuhe aus Krokodilleder

In der Fußgängerzone einer ostfriesischen Kleinstadt gab es einen kleinen Auflauf. Vor dem Schaufenster eines Kaufhauses stand ein Mann, der durch besonders sorgfältige Kleidung auffiel. In seiner Aufmachung war er für die Passanten attraktiver als die Schaufensterpuppen.
Menne Smidt blieb auch stehn und traute seinen Augen kaum: Das mußte doch wohl Dietje Kolthoff sein, mit dem er vor vierzig Jahren auf der Schulbank gesessen hatte. Er näherte sich ihm von hinten, klopfte ihm auf die Schulter, und es gab ein frohes Wiedersehen.
Auf die Frage von Kolthoff an Smidt, was seine Aufmerksamkeit auf ihn gelenkt habe, erklärte der: „Dien moje Plünnen (Kleidung) und dien Schohwark (Schuhzeug)."
Kolthoff erklärte ihm, daß die Schuhe aus Krokodilleder seien. Dabei schaute er auf die Fußbekleidung seines Freundes und meinte verächtlich: „Du hest ok ja man schitterge Schoh an de Foten." (Schuhe an den Füßen). Smidt erklärte ihm, daß er auf dem Lande wohne, da ginge man nicht auf gepflasterten Steinen spazieren. Aber wenn er mal in die Stadt käme, wolle er doch sicherlich auch entsprechendes Schuhzeug anziehen, meinte Kolthoff.
Nun war der Wunsch geweckt nach solchen Schuhen aus Krokodilleder, und Menne Smidt fragte, ob und wie man die beschaffen könne, aufs Geld käme es dabei nicht an.
Und nun begann der Unterricht. „Du geihst in 'n Reisebüro un seggst, du wullst wall even buchen."
„Buchen? Wat is dat dann? Dor kenn ik nix van."
„Dat bruukst du ok neet, De Lü in Reisebüro, de hebben dat lehrt, de weten van Bescheed" (wissen darüber Bescheid).

„Ja, un dann?"
„Dann fragen se di, wor du up buchen wullt. Dann mußt du seggen ‚up 'n Safari'."
„Nu schei (höre) blot ut. Wat is dat nu weer för 'n Woord? 'n Sofa, dat kenn ik, man wat sall dat ri dor noch achter? Sofari ... Sofari."
„Nu bedaar (beruhige) di man. Segg man Safari. De Lü in dat Reisebüro könen dor wat mit anfangen, dor kannst di up verlaten (verlassen)."
„Ja un dann?"
„Dann fragen se di, wor du up scheten (schießen) wullt, un dann seggst du ‚up 'n Krokodil'. Dat köst Geld, dat segg ik di futt (gleich), man wenn du so 'n Paar moje Schoh hebben wullt, dann mußt du na 'n hunnert Mark mehr of minner neet kieken. So, nu weetst du van Bescheed, un nu gah hen un maak dat so, as ik di dat seggt hebb."
Die beiden wechselten das Thema, hatten sich viel zu erzählen und gingen dann auseinander.
Etwa nach einem halben Jahr trafen sie sich wieder in der Fußgängerzone, der eine mit seinen Schuhen aus Krokodilleder, der andere wiederum mit seinem alten Schuhwerk. Und auf die verwunderte Frage von Kolthoff, warum er, Menne Smidt, noch immer in seinen alten Schuhen herumliefe und ob er denn das nicht getan hätte, was er ihm empfohlen hätte, gab nun der letztere seinen Erfahrungsbericht:
„Ik gung up dat Büro, un dor kwamm ok futt 'n Frollein (Fräulein) un froog na mien Begehr. Ik haalde deep Luft un sä: ‚ik wull wall even buchen'. Dat Frollein sä, dat was good, un froog: ‚Worauf wollen Sie denn buchen?' Ik sä: ‚up 'n Sofa'. Se keek mi verdattert an un froog noch mal weer. Ik sä tegen hör: ‚Nu wachten (warten) Se doch, dor kummt noch wat achteran. Eerst kummt dat Sofa und dann noch 'n ri.' Dat Frollein muß wall docht hebben, ik was neet recht bi Künn (Verstand), man do reep een anner, de dor in dat Büro satt, ‚er meint sicher Safari'. ‚Ach so', sä se nu weer, ‚ich hab's verstanden. Sie wollen auf eine Safari'. ‚Ja', sä ik, ‚dat segg ik ja dauernd Sofa ri.' Nu gung't ja wieder un

se froog mi, wor ik dann wall up scheten wull, up 'n Löw of 'n Aap (Affe) of 'n ... man to full ik hör in't Woord: ‚Ik will up 'n Krokodil scheten'.

Eerst was se wat verlegen, man dann greep se na de Boken (Bücher), de dor in 'n Regal stunnen, kwamm weer un sä: „Ja, dann müssen wir mit Ihnen nach Ägypten.' Ik was dormit inverstaan, muß 'n heel Bült (Menge) Geld betahlen un kreeg de Termin, wann de Reis na Ägypten vör sük gahn sull."

„Un wo is di dat up de Reis gahn?" froog Kolthoff.

„Hör man is good to. Wi heben dor veerteihn Daag in Ägypten achter de Diek up Luur legen un na'n Krokodil utkeken. Ik doch, dat word nix mehr, man de lesde Mörgen was dat so wied. Dor kwamm so 'n Undeer ut dat Water van de Nil pultern, kwamm de Wall umhoog un kroop up't Land. Ik reep: ‚Wor is dat Gewehr?' De Reiseleiter drückde mi dat Gewehr in Hand, ik stellde mi in Posentur, leggde an, kürde tüsken sien beid Ogen un drückde of. Pumm. Ik harr hum raakt, he sparrelde hen un her un dann lagg he up Rügg, tuckerde noch 'n paar Maal mit sien Benen in de Luft, un dann lagg de door, stuuvdood. Ik smeet dat Gewehr van mi, leep na Krokodil hen, keek un keek, un wat lövst du wall? He harr gar gien Schoh an!"

(Hör nur gut zu. Wir haben da vierzehn Tage in Ägypten hinter dem Deich auf der Lauer gelegen und nach einem Krokodil ausgeschaut. Ich dachte, das wird nichts mehr, aber am letzten Morgen war das soweit. Da kam so ein Untier aus dem Wasser des Nils, kam das Ufer hoch und kroch aufs Land. Ich rief: „Wo ist das Gewehr?" Der Reiseleiter drückte mir das Gewehr in die Hand, ich stellte mich in Positur, legte an, zielte zwischen seine Augen und drückte ab. Pumm. Ich hatte es getroffen, es zappelte hin und her, zuckte noch ein paarmal mit seinen Beinen in der Luft, und dann lag es da [stuuvdoot, sinngemäß etwa] mausetot. Ich schmiß das Gewehr weg, lief zum Krokodil hin, guckte und guckte, und was glaubst du wohl? Es hatte gar keine Schuhe an.)

Pastoren

In früheren Zeiten bekamen die Pastoren kein großes Gehalt. In einigen Gemeinden wurde das so geregelt, daß der Pastor nebenbei eine kleine bäuerliche Wirtschaft betreiben mußte, oder er wurde in einzelnen Häusern zum Mittagessen eingeladen. Ob man dabei seinen Erwartungen gerecht wurde, ist eine andere Frage. Wer will es ihm verdenken, wenn er solche Häuser mied, in denen fast immer dasselbe Essen auf den Tisch kam?

Vielleicht erklärt sich es von daher, daß die Pastoren in den Ruf gerieten, daß sie gerne gut essen. Jedenfalls entstand wohl so die Redensart: „Ei is Ei", sagte der Pastor, „do greep he na de dickste."

Und es wird erzählt, daß ein Pastor von der Hausfrau eine Wurst angeboten bekam, die noch nicht angeschnitten war. Der Pastor fragte: „Is dat egal, wor ik de Wurst ansnie (anschneide)?" Die Frau ermunterte ihn: „Ja, man driest to!" „Dat is good. Dann nehm ik de Wurst mit na Huus un snie hum dor an", meinte nun der Pastor.

In jener Zeit hatte eine Gemeinde im Rheiderland einen neuen Pastor bekommen. Ein Glied aus der Nachbargemeinde traf einen Bekannten aus diesem Dorf und fragte ihn nach dem neuen Pastor. „Wi bünt best mit hum tofree", bekam er Bescheid.

„So", fragte er nun weiter, „Wo is dat dann mit hum? Kann he sien Woord good doon up de Kanzel?"

„Och", antwortete nun der andere, „dat weet ik jüst neet."

„Man du säst doch, dat ji düchtig mit hum tofree bünt. Wor sitt dat dann in (Woran liegt das denn)?"

„Ja, du, stell di is vör: he is eerst 'n halv Jahr bi uns, un wi hebben hum al up 180 Pund!"

Nach dem Ende des 2. Weltkrieges gab es wenige Autos. Pastor Boekhoff war in der glücklichen Lage, daß ihm eins zugeteilt war wegen seiner ausgedehnten übergemeindlichen Arbeit. Er hatte wenig Ahnung davon, wie der Motor eines Autos funktioniert, aber er konnte es lenken, das war die Hauptsache.
Einmal blieb er unterwegs zwischen Leer und Emden hoffnungslos stecken. Das Auto stand und bewegte sich nicht mehr. Was nun?
Der Pastor öffnete die Motorhaube und schaute hinein, konnte aber keinen Fehler entdecken.
Von weitem sah er einen Lastwagen sich nähern. Er machte entsprechende Handbewegungen, der LKW rollte langsam aus und blieb stehen. Aus dem Führerhaus schaute der Fahrer hinunter und fragte, ob er helfen könne, stieg aus und untersuchte das Auto. Bald hatte er den Fehler gefunden: Es war kein Tropfen Benzin mehr im Tank.
Kopfschüttelnd holte er einen Benzinkanister aus seinem Wagen, sah den Pastor, der klein war von Statur, mitleidig von der Seite an und murmelte: „Ik löv, du wast ok beter Pestoor worden" („Ich glaube, du wärst auch besser Pastor geworden.")

Vor dem Landeskirchenamt in Leer traf ich mit dem Dachdeckermeister Böke zusammen. Wir unterhielten uns eine Zeitlang, bis er plötzlich darauf zu sprechen kam, wie leicht die Pastoren doch ihr Geld verdienten. Sechs Tage in der Woche hätten sie frei, und der Gottesdienst am Sonntagvormittag dauerte nur eine Stunde.
„Un dann de wiede Mauen (Ärmel) an de Chorrock (Talar), dor kann man't man all so utschüddeln", meinte er und ereiferte sich schließlich dazu: „Wenn ik dat wüßt harr, was ik ok Pestoor worden."
Ihm entgegnete ich: „Ja, Böke, dor können Se de Unner-

scheed sehn tüsken mi un Hör. Ik bün dor früh genug achterkomen, man för Hör is dat nu to laat."
Resignierend meinte daraufhin Böke: „Pestoor mutt ok alltied dat lesde Woord hebben."

Engelke Wilhuus hatte etwas mit seinem Pastor zu besprechen. Er suchte das Pfarrhaus auf und klingelte an der Tür. Der Pastor öffnete ihm und ließ ihn eintreten.
Im Studierzimmer brachte Wilhuus sein Anliegen umständlich und langsam vor, so daß er zwischendurch immer wieder den Saft aus seinem Kautabak loswerden mußte. Er hatte Übung darin, ihn wie einen kurzen Strahl durch eine Lücke zwischen zwei Zähnen auf den Fußboden herauszischen zu lassen. Das erste Mal traf er die Fußmatte, auf der der Pastor stand, direkt neben dessen rechtem Fuß. Der Pastor erschrak, mochte aber nichts sagen und sann auf Abhilfe. Mit einem Fuß angelte er den Spucknapf, so daß er neben ihm zu stehen kam. Nun kam wieder ein Strahl aus dem Munde seines Gesprächspartners, der diesmal auf der anderen Seite der Fußmatte landete. Der Pastor manövrierte nun den Spucknapf auf diese Seite der Fußmatte. Es dauerte nicht lange, daß Wilhuus wieder einen Schuß abfeuerte, der wieder neben dem Spucknapf landete und sagte: „Herr Pestoor, wenn Se dat Backje (Napf) neet stahn laten, dann speei (spucke) ik dor midden in."

Es war in der Nazizeit. Die Pastoren der Bekennenden Kirche kamen immer mal wieder zusammen, um Informationen weiterzugeben und auszutauschen. Das mußte ohne viel Aufsehen geschehen. Und so zog man sich gerne in den Ortsteil Loga zurück, wo man einigermaßen sicher vor dem Zugriff der Parteiorgane sein konnte. Solche Zusammenkünfte dauerten auch wohl einige Tage.
Nun machte sich auch ein Pastor aus dem Rheiderland für diese Reise fertig. Seine Frau packte seine Sachen zusammen und legte obendarauf ein nagelneues Nachthemd. Erstaunt fragte der Mann: „Wat is dat dann?" Die Frau

bedeutete ihm, das wäre ein Nachthemd, ein Hemd, das man, wie der Name besagte, nachts anzöge. Der Ehemann wandte ein: „Ik hebb ja 's nachts noch noit 'n Nachhemd anhadd." Aber seine Frau ermahnte ihn, das Nachthemd auch zu benutzen. Es könnte sehr gut sein, daß er mit einem anderen Kollegen ein Zimmer teilen müßte, und dann: „Dor gifft Pestoren van 't Land un van Stadt. De van Stadt bünt wat fiener (feiner, vornehmer) as de annern, un dann sallt du sehn, de hebben all 'n Nachthemd an. Un wenn du dann gien Nachthemd anhest, dann blameerst du di un mi ok."
„Is good", sagte der Pastor und machte sich auf die Reise.
Als er nach zwei Tagen zurückkam und seine Frau seine Reisetasche öffnete, lag obenauf wieder das Nachthemd, und zwar unbenutzt.
„Reinhard", sagte die Frau empört, „hest du dat Nachthemd neet anhadd?"
„Nee", antwortete er, „stell di even vör, wat ik för 'n Glück hadd hebb. Ik sleep mit Gerrit Herlyn up een Kamer, un de gung ok mit Unnerbüx (Unterhose) up Bedd."

Mit einem Möbelhändler konnte ich mich über den Preis nicht einigen. Es ging um 10 Mark, die er nicht nachlassen wollte. Schließlich sagte er: „Nu bün ik doch in Twiefel (Zweifel), of Se wiß Pestoor bünt." Ich fragte zurück: „Un warum?" Darauf antwortete er: „In mien Bibel steiht: ‚Stehe auf und wandle', man bi Hör steiht dann ja wall: ‚Stehe auf und handle!'"

In einer Baracke war ein Todesfall eingetreten. Ich wollte dort einen Trauerbesuch machen. Auf dem Flur hörte ich hinter der Tür ein lautes Wortgefecht. Ich wollte schon umkehren, um zu einer gelegeneren Zeit wiederzukommen. Doch dann ergriff ich energisch die Türklinke, öffnete die Tür, und sofort trat Schweigen unter den streitenden Parteien ein. Einer fand zuerst wieder das Wort und erklärte kategorisch: „So, nu is Pestoor hier, nu dürt gien een mehr legen (lügen)."

Pastor Balster Barenthien pflegte den sonntäglichen Gottesdienst mit dem Votum zu eröffnen: „Der Herr ist in seinem heiligen Tempel, es sei vor ihm stille alle Welt." Diese Worte trug er mit tiefer Stentorstimme und gewichtigem Ausdruck vor, so daß einmal Sievert Behrens sich nicht enthalten konnte, seinen Nachbarn anzustoßen und ihm zuzuflüstern: „Ik löv, dor meent he sük sülst mit."

Der Pastor kam von einem Hausbesuch bei Bauer Wessels zurück. Beim Mittagessen sagte er zu seiner Frau: „Um den Weihnachtsbraten brauchst du dir keine Gedanken zu machen. Bauer Wessels hat mir heute versprochen, er werde rechtzeitig zum Fest uns einen dicken Hahn ins Haus schikken." Die Festtage rückten näher, aber der Hahn ließ auf sich warten. Anmahnen mochte der Pastor den Hahn nicht, aber machte sich Gedanken, ob Wessels sein Versprechen wohl vergessen haben könnte.
Nach dem Gottesdienst am ersten Weihnachtstag nahm Pastor Eenboom den Bauern beiseite und flüsterte ihm zu: „Wat is mit de Hahn? Dor hebben wi de hele Dagen up luurt (gewartet)." Wessels kratzte sich hinters Ohr und sagte dann bedächtig: „Dor is wat tüskenkomen." „Wat is dor dann tüskenkomen?" wollte nun der Pastor wissen. „Ja", antwortete Wessels, „dat is nu ja so, un dat spiet't mi (es tut mir leid) nu ja man eenmal, dor harren wi ok neet mi rekent (da hatten wir auch nicht mit gerechnet), de Hahn is weer gesund worden."

Mein Großvater hatte sich während seiner Missionstätigkeit im Lande Togo einige Kenntnisse angeeignet, erste ärztliche Hilfe zu leisten. Er stellte sie auch später für seine Gemeindeglieder gerne zur Verfügung, zumal es um die ärztliche Versorgung der Landbevölkerung nicht zum Besten bestellt war.
Einmal kam ein Dorfbewohner zu ihm und humpelte. Mein Großvater erkannte sofort, daß er sich das Bein ausgerenkt hatte, ließ den Patienten auf einem Stuhl Platz nehmen,

nahm das Bein zwischen seine Oberschenkel und vollzog mit einem energischen Griff das Einrenken.
Das war natürlich mit einem heftigen Schmerz verbunden, und der Kranke schrie auf „Satan", doch bedachte sich dann, daß dieses Wort in der Nähe eines Geistlichen wohl ungehörig war, und versuchte seinen Fluch zu mildern, indem er aus dem Fluch dann noch ein harmloses Wort zu machen suchte: „Satan, Sater, Satanderdag" (Saterdag = Samstag).

Ein Pastor war mit seiner Predigt zum Sonntag nicht zu Rande gekommen. Schließlich holte er eine aus der alten Kiste, die er vor einigen Wochen schon mal gehalten hatte.
Nach dem Gottesdienst fragte er ein Gemeindeglied, wie ihm die Predigt gefallen habe, und bekam die Antwort: „Och, Pestoor, ik segg alltied, 'n gode Preken kann man garneet faak (oft) genug hören."
„Hebben Se wat murken (gemerkt)?"
„Wat sall ik murken hebben? Ik heb blot so in mien Eenigkeit (bei mir selbst) docht, de Preken was good, de sullen Se driest anner Sönndag noch mal weer hollen."

Der Pastor stieß bei einem Rundgang durchs Dorf auf eine Kinderschar, die aus Puttjeklei (mit Wasser vermischter Klei) eine Kirche geformt hatte. Er fragte die Kinder, ob nicht auch ein Pastor zur Kirche gehörte und ob sie nicht auch eine solche Person machen und dazu stellen könnten. Ein Junge schaute treuherzig zu ihm auf und sagte entschieden: „Nee, Pestoor, dat könen wie neet, so völ Schiet hebben wi neet."

„Und was meint ihr", fragt der Pastor seine Konfirmanden, „Warum trägt der Pastor ein Beffchen?"
Nach einer Weile kommt die Antwort: „Daß er sich nicht bepredigt."

Predigtgabe

Ob in Ostfriesland ein Pastor die Gabe hat zu predigen, hängt weitgehend von seinem Talent (seiner Stimme) ab, die muß laut und deutlich sein. Nach der Predigt hört man wohl Kritik und Anerkennung etwa in der Form: „Dat wassen ja eenmal dröge Peerkötels (trockene Pferdeäpfel), de van de Kanzel fullen" oder „he hett de hele Kark unner Water sett."
Nach einer Predigt in meiner ersten Gemeinde kam einer der Herren vom Kirchenvorstand auf mich zu und sagte nur: „Mehr Gas, Kaidat" (Kandidat). Und einmal wurde ein Pastor gerühmt, er habe sich so angestrengt, „dat hum de Sweet (Schweiß) as Krüsbejen (Stachelbeeren) vör de Kopp stunn."
Zwei ältere Frauen ereiferten sich im Lob auf den Prediger, den sie gehört hatten. Die eine sagte: „Un alltied weer haude he mit sien Fuust up de Kanzel!" („Und immer wieder haute er mit seiner Faust auf die Kanzel.") Darauf die andere: „Nee, Frieda, up sien Borst (Brust)!"
Und jemand anders war von einer Predigt so gerührt, daß er behauptete: „Dat truck mi bet na de Töhnen hen." („Das zog mir bis in die Zehen.")
Der alte Küster Geerds, der sein Amt in Emden bis zum Alter von gut 90 Jahren wahrnahm, wurde von einem Gemeindeglied gefragt, welchen Prediger man von den drei aufgestellten Pastoren wählen sollte. Alle hatten im Laufe der Zeit eine Probepredigt gehalten.
Geerds meinte: „Dat is doch eenfach. De eerste hett in sien Preken seggt: ‚dor steiht 'n Pott mit Eten.' Un mehr ok neet. De anner hett to'n minnsten (wenigstens) seggt: ‚dor steiht

'n Pott mit *lecker* Eten', man de darde (dritte) hett seggt: ‚dor steiht 'n Pott mit heel lecker Eten, un nu Lü, griept (greift) to'; de darde mutten wi as Pestoor hebben."

In Emden wurden Blaukreuzstunden abgehalten, auf denen auch immer einzelne ein Zeugnis ablegten. Als Wienholtz damit fertig war, trat Harm Meinen auf. Zugegen war auch Karl Immer, damals noch Student, später bekannt geworden als Pastor in Barmen und als Organisator der Barmer Bekenntnissynode.
Er wurde von Wienholtz auf die Seite genommen und ihm wurde zugeflüstert: „Meinen harr sük ok beter stillhollen." („Meinen hätte auch besser den Mund gehalten.") Darauf antwortete Karl Immer: „Och, wenn ik de Wahrheid seggen sall, dat, wat Se seggt hebben, dat was ok neet völ." Wienholtz wußte sich zu helfen, indem er anfing zu lachen und meinte: „Immer mutt ok immer Spaß maken."

Der Pastor predigte über einen Text aus den Briefen des Apostels Paulus. Lang und breit ließ er sich zunächst darüber aus, wie man den Paulus richtig einzuordnen habe: „Sett ik hum unner de Propheten? Man nee, dör hört he neet hen. Of unner de Jüngers? Nee, dor hört he ok neet to. Viellicht unner de Apostels?" An der Stelle machte er eine Pause, die ein Kirchgänger benutzte, um ihm eine Antwort zu geben: „Setten Se hum hier man hen, ik gah weg."

Ein Pastor war dafür bekannt, daß er in seinen Predigten maßlos übertrieb. Das ging vielen Predigthörern zu weit, und der Kirchenvorstand wurde diesbezüglich bei ihm vorstellig.
Der Pastor zeigte sich einsichtig, gelobte Besserung und machte den Vorschlag, wenn ihm wieder einmal so etwas passierte, dann sollten die Kirchenältesten das signalisieren. Wenn einer von ihnen sich am Kopf kratzen würde, wäre das für ihn dann ein Warnsignal.
Am nächsten Sonntag predigte er über die Geschichte im

Alten Testament, wo Simson gegen die Philister kämpft. Der wandte dabei folgende List an, um die Feinde zu schädigen. Er ließ Füchse fangen und band je zwei mit den Schwänzen aneinander. Zwischen den Schwänzen wurde eine Fackel entzündet, und mit dieser brennenden Fackel wurden die Tiere in die reifen Kornfelder der Philister gejagt.
Der Pastor bemühte sich, seinen Zuhörern dieses Spektakel möglichst eindrücklich vor Augen zu führen, und führte aus: „Un disse Steerten (Schwänze) van de Vossen (Füchsen) harren wall 'n Längte (Länge) von dree Metern."
Sofort gingen alle Hände der Kirchenältesten hoch, und sie fingen an, sich den Kopf zu kratzen.
Der Pastor bemerkte das Warnzeichen und fuhr fort: „Wat hebb ik seggt, dree Meter? Na, ik denk, dat wassen tweeunhalv Meter." Die Wirkung war dieselbe, wieder kratzten sich einige am Kopf.
Der Prediger fuhr fort: „Ik denk, so genau mutt man dat neet nehmen, dat wassen viellicht twee Meter."
Einer der Herren gab sich auch damit nicht zufrieden und führte noch einmal die verabredete Handbewegung nach dem Kopf aus. Der Pastor bemerkte auch das und setzte dann noch einmal an: „Viellicht wassen dat doch neet twee Meter, man annerthalv – man nu doo ik d'r nix mehr van of (aber nun tu ich da nichts mehr von ab)."

„Pastor is 'n Lümmel"

Ich stand vor dem kleinen Haus, hinten im Moor gelegen. Schon lange wollte ich hier einkehren.
Es war noch früh am Tag. Andreas Heikes war nicht zu Hause. Aber hinter dem Haus sah ich seine Frau auf dem Acker. Ich wußte, daß die Leute auf dem Lande die Hintertür des Hauses nie abschließen. So lehnte ich mein Fahrrad an die Hauswand und gelangte unbemerkt ins Haus, ging durch den angrenzenden Kuhstall und erreichte so die Wohnküche. Dort setzte ich mich in den Lehnstuhl und genoß die Stille, die mich umgab.
Mir gegenüber stand die alte Amsterdamer Uhr, das Pendel stand nicht still: „hier geiht hc hen – dor geiht he hen" tönte es gleichmäßig durch den Raum. Ganz anders der Wecker auf dem Küchenschrank. Sein hastiges Ticken hieß wohl: „gah wieder, gah wieder – maak futt, maak futt" (schnell). Ohne den Wecker konnten die Leute wohl nicht leben, sie mußten ja früh aufstehen und sich zur Arbeit rufen lassen.
Ich wollte noch das Schlagen der Standuhr abwarten, es war kurz vor 10 Uhr. Das gab jedesmal einen vollen Klang, der die kleine Küche füllte und dann noch eine Zeitlang in der Luft hängen blieb wie Nebel über dem Land, der nur langsam weicht. Als die Uhr aufgehört hatte zu schlagen, klirrten die Scheiben im alten Küchenschrank noch nach, und hinter den Glastüren sangen noch leise die Gläser, die dort standen, weiter, als träumten sie von vergangenen Festen.
Das alles wollte ich erleben, und dann stand ich auf, ging zum Schrank, drehte den Schlüssel in der Tür um und öffnete sie. Dort standen außer den Gläsern und Tassen der

Kandistopf und die Teebüchse. Diese Teedose nahm ich heraus, öffnete sie, um den herrlichen Duft zu spüren, und steckte sie dann in meine Jackentasche.
Nun ging ich wieder nach draußen, um Frau Heikes zu begrüßen. Sie sah erst von der Arbeit auf, als ich neben ihr stand, war ein wenig erschreckt und fragte: „Herr Pestoor, wo komen Se dann her? Willen Se na mi to?" „Ja, seker", entgegnete ich, „ik hebb Hör dat ja al langer beloovt (versprochen), mal bi Hör intokieken." Daraufhin legte Frau Heikes ihr Arbeitsgerät an den Weg und lud mich mit herzlichen Worten zu einer Tasse Tee ein. Sie ging voraus, ich folgte ihr ins Haus.
Jetzt saß ich wieder im Lehnstuhl, aber mit der Ruhe in der Küche war es vorbei: Das Feuer mußte neu entfacht werden, frisches Wasser wurde aus dem Brunnen geschöpft, in den Teekessel gefüllt und auf den Herd gestellt. Zwischendurch wusch Frau Heikes sich die Hände und band sich eine frische Schürze vor.
Das dauerte nicht lange, da kochte das Wasser, Dampf stieg auf, und der Deckel fing an, auf dem Kessel auf und abzutanzen.
Und nun mußte ja mein Schabernack ans Licht kommen. Frau Heikes schloß die Tür des Küchenschrankes auf, nahm zwei Tassen, die Teekanne und den Kluntjetopf heraus und fing dann an, die anderen Sachen hin und her zu rücken: die Teedose stand ja nicht auf ihrem Platz. Ich sah ihre Unruhe und fragte nach der Ursache. Frau Heikes sagte bestürzt: „Nu kann ik Hör gar gien Tee anbeden (anbieten), mien Teedös is weg!"
Ich antwortete: „Dat kann ja wall neet" und war ihr behilflich, die ganze Küche durchzusuchen; wir sahen in allen Ecken, hinter die Blumentöpfe und Gardinen, aber fanden die Büchse natürlich nicht. Frau Heikes war ratlos, ich aber tröstete sie: „Wi kriegen doch uns Tee! Ik hebb alltied 'n Spier (Kleinigkeit) Tee bi mi", griff in meine Tasche und holte die verloren geglaubte Teedose heraus. Frau Heikes traute ihren Augen nicht: „Herr Pestoor, dat is ja mien Tee-

dös. Wo kummt de in Hör Taske?" Ich erzählte ihr, daß ich schon einmal in ihrer Küche gewesen war und mir diesen Spaß ausgedacht hatte. So gab es dann doch noch eine leckere Tasse Tee für uns beide. Frau Heikes suchte das dickste Stück Kluntje für mich heraus, holte eine kleine Schüssel mit Schafmilch und legte die Sahne davon auf den dunkelbraunen Trank, daß sie wie eine weiße Wolke darauf schwamm.

Einige Tage später beschwerte sich unsere Gemeindeschwester bei meiner Frau: „Frau Pastor, Sie wissen so gut wie ich, daß Ihr Mann gerne Spaß macht. Aber was er jetzt gemacht hat, geht doch wohl zu weit. Frau Heikes, die Ihren Mann doch sonst so verehrt, verbreitet jetzt über ihn, er sei ein Lümmel."

Ich erzählte meiner Frau, was in Wirklichkeit geschehen war, und bat sie, der Gemeindeschwester, die keine Ostfriesin war, zu erklären, daß ein „Lümmel" bei uns gar nichts so Schlimmes ist. Frau Heikes wolle damit eigentlich nur sagen: Unser Pastor ist mit uns unterwegs, trinkt und ißt mit uns, und er lacht mit uns, er ist Mensch unter Menschen bis dahin, daß man von ihm sagen kann: ‚Pestoor is 'n Lümmel.'

Pastor is ja so verkollen!

Eine Erkältung kann man schnell bekommen, manchmal wird man sie auch schnell wieder los. Aber sie kann einen vierzehn Tage lang quälen, und wenn man Medikamente braucht, zwei Wochen!
Meistens kommt so eine Erkältung zu ungelegener Zeit. So ging es auch Pastor Buismann. Bei der letzten Predigt war er ins Schwitzen geraten, mußte dann aber durch die kalte Luft den Weg von der Kirche nach seinem Haus zurücklegen, und schon war es passiert. Er mußte unentwegt husten, und sein Taschentuch brauchte er gar nicht erst einzustecken. Voller Sorge dachte er an den nächsten Sonntag.
Frau Buismnn tat, was sie nur konnte, damit ihr Mann gesund würde. Er mußte viel Kamillentee trinken, und abends rieb sie ihm die Brust mit Schweineschmalz ein und packte ihn in Wolle. Er ließ es widerwillig mit sich geschehen, mußte aber am andern Morgen zugeben, daß er Erleichterung verspürte. Inzwischen war es wieder Sonntag geworden. Pastor Buismann war früh aufgestanden, um seine Predigt noch einmal zu überdenken. Gegen die Heiserkeit wußte er ein gutes Hausmittel, er lutschte ein Stück Kluntje nach dem andern. Schließlich kam noch seine Frau, als die Glocken schon anfingen zu läuten, und brachte ihm ein Glas Rotwein mit geschlagenem Ei. Sie kontrollierte noch, ob er auch warm genug angezogen war, und half ihm in seinen Talar. Sie ermutigte ihn: „Nu hebb di man neet so (stell dich nicht so an), dat sall wall goodgahn."
Als der Gottesdienst zu Ende war, lief sie schnell nach Hause und bereitete eine Tasse mit heißer Milch und Honig vor für seinen Empfang. Als er kam, meinte sie: „Hebb ik di

dat neet seggt? Dat is all best verlopen (ausgegangen), un nüms hett d'r wat van mitkregen, dat du so verkollen büst." Darauf sagte er ganz enttäuscht: „Man hest du dat dann neet mitkregen? Als ik Amen sä, do muß ik doch noch mal weer hoosten (husten)!"

Pastoren und Schafe

Das ostfriesische Milchschaf hat in der weiten Welt einen guten Ruf. Es gibt bis zu vier Liter Milch am Tag mit hohem Fettgehalt, und seine Wolle ist von besonderer Qualität. Man nennt es bei uns auch die Kuh des kleinen Mannes. Der Umgang mit Schafen ist allen wohl vertraut, und das Bild, das die Bibel von den Schafen und ihren Hirten gebraucht, ist allen leicht eingängig.
Einmal wurde Pastor Schuver vom Vorstand der Kirchengemeinde ermahnt, er müsse sich mehr um seine Schäflein kümmern und sollte deshalb fleißig Hausbesuche bei den Gemeindegliedern machen. Pastor ist ein lateinisches Wort und heißt Hirte. Ein guter Hirte weidet seine Herde und läuft auch hinter einzelne Schafe her, die verloren sind.
Der Pastor rechtfertigte sich: „Ik doo, wat ik kann. Doch dat mutt ik ok seggen, dat is neet so licht. Unner de Schapen gifft dat völ Bucken (Böcke), die stöten (stoßen) mi, wenn ik koom."

Ein Pastor hatte den Schafhirten des Dorfes in einem Gespräch ermahnt, er könne und solle doch sonntags auch mal zum Gottesdienst kommen. Der verteidigte sich, indem er darauf hinwies, daß ein guter Hirte seine Schafe nie allein lassen dürfe. So ähnlich stehe es doch wohl auch in der Bibel.
Aber das Wort des Pastors ließ ihm doch keine Ruhe. Als wieder einmal an einem Sonntagvormittag die Glocken zum Gottesdienst riefen, gab er sich einen Ruck, trieb die Schafe hinter abgesicherte Weidezäune, rief seinen Hund und machte sich mit ihm auf den Weg.

Nun predigte der Pastor ausgerechnet an dem Tag über den guten Hirten, der sein Leben läßt für seine Schafe, während ein Mietling bei Gefahr seine Schafe verläßt. Das war dem Schafhirten dann doch zu viel, er stand auf und sagte zu seinem Hund: „Komm, Hasso, wi gahn, de Pestoor kann doch anners nix as sticheln un stacheln."

Ganz anders verlief ein Gottesdienst in einer anderen Gemeinde. In seiner Predigt verhandelte der Prediger auch das Thema vom Hirten und den Schafen. Es wurde fast wie eine Schimpfkanonade: „Schafe seid ihr, Schafe, die immer nur gestreichelt werden wollen! Das kann man gelegentlich bei den Lämmern tun, die sind noch klein und darauf angewiesen. Aber von Schafen kann und muß man etwas anderes erwarten. Schafe müssen Wolle lassen und Milch geben, sonst taugen sie nichts!"
Nach dem Gottesdienst nahm Harm Franzen seinen Seelsorger auf die Seite und ermahnte ihn, er müsse nicht so mit den Leuten schimpfen, auch dann nicht, wenn sie es nach seiner Meinung verdient haben. Der Pastor wehrte sich und meinte, so stünde es doch in der Schrift. Doch Franzen fuhr fort: „Se mutten doch neet blot over de Schapen preken, man in eerste Stee over de gode Heerder"(Sie müssen doch nicht bloß über die Schafe predigen, sondern an erster Stelle über den guten Hirten), und belehrte ihn, das sei ja gerade die frohe Botschaft der Bibel, daß der gute Hirte sein Leben läßt für dumme, verlorene und unnütze Schafe. „Un" fügte er hinzu und sah seinem Seelsorger treu in die Augen, „bünt Se neet ok blot 'n Schaap van uns Heer?"

Pastor Behrends machte Besuche in seiner Gemeinde. In einem Hause kam er gerade dazu, als in der Nacht ein besonders gutes Milchschaf verendet war. Die Trauer in der Familie war groß, und es gelang nicht, sie mit Worten zu beruhigen und aufzumuntern. Schließlich forderte der Hausvater den Pastor auf, mit ihm ins Hinterhaus zu kommen und sich den Schaden selbst anzusehen. Der Pastor suchte nach Worten und meinte: „Aber nun denken Sie mal darüber nach, der Tod wäre bei Ihnen im Vorderhaus eingekehrt, und es wäre womöglich eines Ihrer Kinder gestorben." Der Mann schaute seinen Pastor an, schüttelte mit dem Kopf und meinte dann: „Ik much neet weten, wo uns leve Heer dor boven in Himmel dormit torechtkwamm, wenn nu een van sien beste Seraphims dood in Stall lagg." („Ich möchte nicht wissen, wie unser Herr im Himmel damit zurechtkäme, wenn nun einer von seinen besten Seraphim tot im Stall läge.")

Kollekten

So steht es schon in der Bibel: „Einen fröhlichen Geber hat Gott lieb." Trauer verschließt das Herz, Freude öffnet es für den Nächsten, und diese Freude greift über bis zum Geldbeutel. „Man mutt de Lü kiddeln (kitzeln), dann lachen se, und dann springt ok dat Knippke (Portemannaie) open." Warum soll man dann nicht von diesem Mittel Gebrauch machen, wenn es um die Kollekte geht?

Die Familie sitzt beim Mittagessen. Der Vater legt jedem ein Kotelett auf den Teller. Alle verzehren mit Appetit und Eifer das Fleisch bis auf die zwölfjährige Tochter Janni. Sie wird von der Mutter ermahnt: „Janni, nu eet doch!" Sie begnügt sich eine Zeitlang mit Kartoffeln und Gemüse und schiebt das Kotelett immer wieder an den Rand. Janni ist in Gedanken versunken, bis sie der Ruf des Vaters aufschreckt: „Stell di neet so an und eet dat Kotlett oder smeckt di dat neet?" Und ob es ihr schmeckt! Sie hatte nur immer an den Hund gedacht, daß der auch mal ein Stück Fleisch bekommen sollte.
Janni ist die letzte, die mit dem Essen fertig wird, und muß deshalb den Tisch abräumen. Sie stellt die Töpfe und Teller zusammen, nachdem sie vorher die übriggebliebenen Knochen auf einem Extrateller eingesammelt hat. Mit diesem Teller geht sie dann nach draußen, ruft den Hund, wirft ihm die Knochen zu und sagt bedauernd zu Bello: „Eentlik (eigentlich) sull dat ditmal 'n Opfer worden, man nu is't weer blot'n Kollekte worden."
Diese Geschichte erzählte ein Prediger und fügte ihr hinzu: „Un nu, leve Lü, liggt dat an jo, of de Kollekte vandaag 'n

Opfer word." (Und nun, liebe Leute, liegt das an euch, ob die Kollekte heute ein Opfer wird.)

Ein anderer Prediger hatte vergessen, die Kollekte abzukündigen. Der Gottesdienst war beendet, aber die Leute zögerten mit dem Herausgehen, als ob sie noch auf etwas warteten.
Der Pastor entdeckte sein Versäumnis und nutzte dann die Verlegenheit, indem er sagte:
„Neulich hatte ich Besuch aus Berlin. Ich machte mit meinen Gästen einen Abendspaziergang. Bei einem Bauernhof hatte sich eine große Kuhherde versammelt. Einer meiner Gäste fragte: ‚Warum stehen die Kühe da herum und gehen nicht auf die nahe gelegene Weide?' Ich erklärte ihm, daß die Kühe ihre Euter voll Milch hätten und die los werden wollten.
So scheint es auch Euch zu gehen, Ihr wollt noch gemolken werden! Dazu ist Gelegenheit gegeben an der Kirchentür. Da stehen die Ältesten mit den Milcheimern. Und wenn Ihr die gefüllt habt, dann könnt Ihr unbeschwert und fröhlich nach Hause gehen!"

Neulich las ich in der Schmunzelecke einer Illustrierten folgende Geschichte: Ein Herr verschluckt sich bei einem Festmahl an einer Fischgräte. Sie bleibt ihm im Halse stekken. Schnelle Hilfe ist erforderlich, da er zu ersticken droht. Eilig wird er zu einem Arzt in dessen Praxis gefahren, der ihm die Gräte entfernt. Er rettet den Patienten vor dem sicheren Tod.
Nach Tagen trifft der Betreffende den Arzt auf der Straße und bedankt sich noch einmal für die schnelle und gute Hilfe. Er wolle gar nicht erst eine Rechnung haben, er wolle ihm gerne ohne besondere Formalitäten das Geld schicken und fragte, in welcher Höhe etwa ein Honorar in diesem Falle angemessen sei.
Der Arzt antwortete ihm: „Dat will ik jo seggen, geevt mi man de teihnte (zehnte) Deel van dat, wat ji mi geern geven

harren, as de Fiskbunk (Gräte) noch in jo Hals satt, dann bün ik tofree."

Daraus zog der Pastor die Nutzanwendung für seine Kollektenempfehlung: „Al (schon) in de Bibel stieht dat so: ‚Dank Gott un vergeet neet, wat he di Goods dann hett.' Ik will jo wat seggen: Wenn elk dat Dübbelte gifft (jeder das Doppelte gibt), van dat, wat he wull, dann hett he noch man de Hälfte geven van dat, wat he sull."

Ein anderer Pastor gab bei einer Kollektenempfehlung folgendes Erlebnis zum Besten: Er sei noch spät abends mit seinem Wagen unterwegs gewesen, aber dann beim Ausweichen vor einem anderen Wagen auf den Sommerweg geraten und habe sich dort hoffnungslos festgefahren.

Kein Mensch war weit und breit zu sehen, aber in nicht allzu großer Ferne entdeckte er ein Häuschen mit erleuchteten Fenstern. Er machte sich auf den Weg dorthin, klopfte an, trat ein und fand die Familie beim Abendbrot versammelt. Er wünschte allen einen guten Abend und brachte sein Anliegen vor, ob man ihm nicht helfen könne, seinen Wagen wieder flott zu machen. Der Vater schaute in die Runde und fragte: „Well gieht mit un helpt?" Sofort sprangen Harm und Hinderk auf, Jungens in einem Alter von 12 und 14 Jahren. Der Pastor dachte, das ist wie bei der Kollekte. Harm und Hinderk, der Groschen und der Pfennig, sind immer zur Stelle, aber wo bleiben die Silberstücke und die Scheine? Dann bittet er den Bauern, ob nicht auch die größeren Söhne mit zupacken könnten, er brauche wirklich tatkräftige Hilfe. Nicht ganz so freudig und mehr widerwillig gingen nun auch die größeren Jungens mit, um dem Pastor zu helfen.

Am nächsten Sonntag sagte er vor dem Einsammeln der Kollekte zu seinen Leuten: „Nu laat all de Harms und Hinderks man in jo Taske, ik bruuk Sülverstücken un Schiens." (Nun laßt all die Harms und Hinderks mal in eurer Tasche, ich brauche Silberstücke und Scheine.)

Ein Groschen und ein Pfennig streiten sich miteinander, wer der Größte unter ihnen sei. Der Groschen beruft sich auf sein Gewicht, der Pfennig darauf, daß er zwar kleiner, aber dafür wendiger sei. Der Groschen bringt vor, daß sein Metallgehalt wertvoller sei als der seines Gegners, der Pfennig wendet dagegen ein, daß er bei der Preisauszeichnung der Waren die größere Rolle spiele. Wenn etwa eine Ware DM 1,69 koste, käme er öfter darin vor als der Groschen, und die Leute achten auf die Pfennige! Es hieße ja auch: ‚Wer den Pfennig nicht ehrt, ist des Talers nicht wert', wo bleibe da der Groschen?
Schließlich holte das Pfennigstück zum entscheidenden Schlag aus, er käme auf jeden Fall in den Kollekten häufiger vor als der Groschen und trage den Ehrennamen „Karkendaler" (Kirchentaler). Aber dagegen wehrte sich der Groschen und erinnerte an die Frage eines Pastors und die Antwort, die er darauf bekam: „Worum bünt alltied so völ Pennens in de Kollekte?" froog de Pestoor. „Umdat dat gien lüttjeder Geldstücken gifft" (weil es keine kleineren Geldstücke gibt), antwortete ihm der Küster.

Auf dem Nachhauseweg nach Beendigung des Gottesdienstes fragt Mannus seinen Vater, ob die Schwarzen in Afrika ohne Kleidung herumlaufen. Der Vater erklärt dem Jungen, daß es da so heiß sei, da könne man ohne Kleidung auskommen.
„Man hebben de Swarten dann overhoopt nix um of an?" wollte Mannus weiter wissen. „Doch", meinte der Vater, „n' Stück linnen Tüg (Leinenstoff) knüppen (knüpfen) se um sük to, um dat Nödigste (Notwendigste) to bedecken. Dat is 't all."
Der Junge fiel ins Grübeln und fragte dann den Vater: „Man dann verstah ik neet, warum du 'n Büxenknoop (Hosenknopf) in de Kollekte smeten hast. Wat sölen de Lü in Afrika der wall mit anfangen?"

Klingelbeutel

Zwei Landstreicher überlegten, wie sie zu Geld kommen könnten. Einer von ihnen hatte eine Idee und machte den Vorschlag, sie wollten nächsten Sonntag zur Kirche gehen; da würde doch der Klingelbeutel herumgereicht und da könnten sie doch auch mal hineinlangen und sich etwas herausholen. Der eine äußerte zunächst Bedenken, da man doch in den Klingelbeutel etwas hineintun müßte. Aber der andere meinte, die Kirchgänger wären so mit dem Singen beschäftigt, daß das wohl niemand bemerken würde, wenn sie das einmal umgekehrt machten.
Die beiden gingen zur Kirche, und als der Gottesdienst zu Ende war, trafen sie sich wieder, und jeder zeigte die Beute vor, die er gemacht hatte. Der eine hatte ein Einpfennigstück erwischt, der andere gar ein Zweipfennigstück. Sie hatten wohl mehr erwartet und waren sichtlich enttäuscht. Schließlich meinte der eine zum andern: „Du, wenn wi dat wüßt harren, dat dat so billig is, na Kark gahn, dann harren wi uns dor faker mal sehn laten kunnt."

Es gibt Leute, die haben's mit dem Kirchenschlaf. So passierte es auch Herm Bülthus, daß er eingenickt war. Als der Klingelbeutel, der von Hand zu Hand weitergereicht wurde, in seine Nähe kam, mußte sein Nachbar ihn erst einmal anstoßen und darauf aufmerksam machen. Er nahm noch halb im Schlaf den Beutel in die Hand, gab ihn aber gleich nach der anderen Seite hin weiter mit den Worten: „Dat is mien Pool (Mütze) ok neet."

Auch im Kindergottesdienst wurde immer eine Sammlung veranstaltet. Die Eltern gaben ihrem Jungen Sievert dafür jedesmal einen Groschen mit.
Auf dem Weg zur Kirche schaute Sievert immer auch bei der Oma herein. Die pflegte ihm noch einen Groschen extra zu geben mit dem Bemerken: „De is blot för di!"
Sievert hatte es eilig, rechtzeitig zur Kirche zu kommen, in jeder Hand einen Groschen. Da stolperte er, fiel hin und konnte sich noch gerade mit den Händen auffangen. Die Groschen rollten vor ihm her, und einer davon verschwand in einem Gully. Als Sievert den anderen Groschen aufnahm, bekuckte er ihn nachdenklich und meinte dann: „Dat deit mi leed, mien leve Heer, dat jüst dien Groschen in de Gully fallen ist", und steckte ihn schnell weg in seine Hosentasche.

Bei einem Gottesdienst geriet ich in Verlegenheit, als ich den Klingelbeutel auf mich zukommen sah. Ich hatte kein Geldstück zur Hand, spürte aber in meiner Talartasche ein Stück Papier. Das hatte mir Peter Falk, unser Friedhofsdiener, nach einer Beerdigung in die Hand gedrückt. Darauf stand die Grabreihe und die Grabnummer, wo der Tote beerdigt worden war. Ich pflegte anhand dieses Zettels die entsprechenden Daten in das Sterberegister einzutragen.
In meiner Not nahm ich diesen Zettel und steckte ihn in den Klingenbeutel.
Als der Klingelbeutel geleert wurde, entdeckte Falk, der auch Mitglied unseres Kirchenrates war, den Zettel, kam damit zu mir und wußte keinen Reim darauf, wie ausgerechnet dieser Zettel in den Klingelbeutel kommen könnte.
Ich fragte ihn, ob ihm der Zettel bekannt vorkomme. „Ja", sagte er, „de hebb ik Hör doch tostoken bi de lesde Beerdigung." Ich riet ihm, ein wenig weiterzudenken, dann wüßte er doch, wer dieses Stück Papier in den Beutel gesteckt habe.
Er sagte: „Man, Herr Pestoor, Se leggen doch neet in Stee van Geld Papier in de Kollekte!"

Nun erklärte ich ihm, warum ich das als eine Art Notlösung für mich angesehen hatte, ich wollte aber nachträglich den Zettel gerne mit einem Geldstück einlösen. Er möge mir ihn aushändigen, damit ich ordnungsgemäß die Eintragung in die Kirchenbücher vornehmen könne; dann wollte ich die ganze Angelegenheit mit einem kleinen Spaß beendigen und sagte: „Dat Se as de Boverste van Karkhoff dor neet up komen bünt! Hebben Se dat dann neet lehrt? Un Se bünt doch anners alltied so snüs in Kopp!" (Daß Sie als der Oberste vom Kirchhof nicht daraufgekommen sind! Haben Sie das denn nicht gelernt? Und Sie sind doch sonst immer so gewitzt im Kopf!)

Darauf konterte er: „Pestoor, ik rook neet geern Zigarren, die mi verpaßt worden, man ik much Hör dann ok wall fragen, wat Se dann up de Universität lehrt hebben, dat Se so rinkel (leichtsinnig) mit amtliche Dokumenten umgahn? Dat fallt mi doch leep ut Hand (darin enttäuschen Sie mich aber sehr)."

Ich konnte mich nur noch verteidigen mit der Bemerkung: „Se mögen wall neet geern Zigarren roken, man ik eet ok neet geern Steekröven (Steckrüben)!"

Wir gaben uns zur Versöhnung die Hand, und Falk sagte zum Schluß: „Nu seggen Se man wieder nix, annern bruken dat ja neet weten. Wenn wi beiden man up een Bredd stahn (wenn wir uns nur einig sind), dat is't Haupt" (das ist die Hauptsache).

Organisten

Einige Maurer hatten in der Kirche zu arbeiten. Als ihr Blick auf die Orgel fiel, meinte einer von ihnen, er möchte zu gerne mal die Orgel spielen hören. Darauf antwortete ihm Fidi Geyken: „Dat kannst du licht hebben, ik kann dor wall mit umgahn." Er kletterte auf die Orgelempore, aber dann kam er nach einer Weile auch schon wieder zurück. „Na", fragte ihn sein Kollege, „ik doch, du wullst de Örgel spölen?"
„Ja", sagte er, „dat harr ik ok geern daan, man ik kunn de Dreiher neet finnen" (das hätte ich auch gern getan aber ich konnte den Handgriff zum Drehen nicht finden).

Bei einer Beerdigung spielte wohl mal aushilfsweise der Totenbitter, wenn man keinen Organisten besorgen konnte. Als die Herren vom Kirchenvorstand einmal die Orgel besichtigten, sah einer von ihnen wohl zum erstenmal ein solches Instrument aus der Nähe. Er wunderte sich, daß es schwarze und weiße Tasten gab, und dann äußerte er sich ganz treuherzig: „Nu kiekt jo dat an, de Hälft van de Tasten bünt fuul (schmutzig). Wi könen noch van Glück seggen, dat de Dodenbidder neet all Tasten bruukt un fuulmaakt hett (daß der Totenbitter nicht alle Tasten gebraucht und schmutzig gemacht hat)!"

Wir hatten einen Musikprofessor bei uns zu Gast. Der Organist wurde gefragt, ob er aus diesem Anlaß ihm seine Orgel im nächsten Gottesdienst überlassen würde. Er war einverstanden.
Als der Gottesdienst begann, spielte der Professor ein Prä-

ludium von Bach. Das brauste durch die Kirche, daß die Menschen erstaunt zur Orgel emporblickten. Dann wurde das erste Lied angesagt, der Professor intonierte die Melodie, und nach einem längeren Vorspiel begann der Gesang der Gemeinde.
Als der Gottesdienst zu Ende war, unterhielt sich der Pastor noch mit einigen Gemeindegliedern und fragte sie, was sie von dem Orgelspiel hielten. Nun hätte man auch erkennen können, was für ein wertvolles Instrument man mit dieser Orgel besitze, wenn nur der rechte Mann auf der Orgelbank säße. Das wäre nun mal so, zu einem edlen Roß gehöre auch ein guter Reiter.
Aber nun bekam er doch eine andere Meinung zu hören. Einer der Umstehenden sagte: „Man de Mann harr doch 'n heel Sett Wark, bet he de rechte Wies funnen harr. Eerst, as dat Singen anfung, do gung dat ja. Dor kummt uns oll Mester doch beter mit torecht, de hett futt de rechte Ton un mutt hum neet eerst lang söken." (Aber der Mann hatte doch eine ganze Weile zu tun, bis er die richtige Melodie gefunden hatte. Erst, als das Singen anfing, da ging das ja. Da kommt unser alter Meister doch besser mit zurecht, der hat gleich den richtigen Ton und muß ihn nicht erst lange suchen.)

Von Liebe, Verlobung und Heirat

Der Großknecht auf einem Bauernhof wollte gerne die Großmagd zur Frau haben. Er wußte nicht recht, wie er das anstellen sollte, um sein Ziel zu erreichen. Doch dann faßte er sich eines Tages ein Herz: „Segg even, Maike, willen wi beiden heiraden?"
Maike tat ganz erschrocken und entgegnete ihm: „Wo kummst du dann up so wat?"
„Och", antwortete Telko, „wi beiden verdragen uns doch good un hebben noch noit Scheel (Streit) mit 'n anner hadd."
„Dat is so, Telko, man so up Maal kann ik di dor gien Antwoord up geven. Dor mutt ik mi eerst mit befaten (befassen) un dorover nadenken."
„Un wat meentst du, wannehr du mi Bescheed geven kannst?"
„Ik doch, ik wull dor een Nacht over slapen, dann kriggst du Bescheed. Man so völ kann ik di nu al seggen: Nee seggen doo ik heel wiß neet." (Ich dachte, ich will eine Nacht darüber schlafen, dann kriegst du Bescheid. Aber soviel kann ich dir jetzt schon sagen: Nein sagen tu ich ganz gewiß nicht.)

Ein junges Mädchen kommt in die Stadt, um sich photographieren zu lassen. In dem Photogeschäft bringt sie auch gleich ihr Anliegen vor: „Ik wull mi wall ofnehmen laten."
Der Photograph erkundigt sich, für wen das Bild denn wohl sein sollte, worauf er die Antwort bekommt: „För mien Brügen (Bräutigam)."
„Soll es vielleicht ein Brustbild sein?"
„Nee, blot dat neet, so wied is dat noch neet mit uns. Man

ok dorvan ofgesehn, ik wull mien Kopp dor ok geern mit uphebben." (Nein, bloß das nicht, so weit ist das noch nicht mit uns. Aber auch davon abgesehen, ich wollte gerne meinen Kopf mit daraufhaben.)

Ein verliebtes Paar waren die beiden, Hajo und Siebentje. Arm in Arm schlenderten sie den Deich entlang. Hajo war nicht sehr gesprächig, auch getraute er sich nicht, seiner Braut im Freien einen Kuß zu geben. Aber Siebentje fing an, ihn darum zu betteln. Schließlich flüsterte sie ihrem Verlobten zu: „Segg mi doch wat heel Söts (ganz Süßes)."
Hajo bedachte sich eine Zeitlang, dann kam über seine Lippen das Wort: „Syrup!". Damit meinte er, seine Schuldigkeit getan zu haben.

Vor Gericht fragt der Amtsrichter eine junge Frau, wieviel Kinder sie im Ganzen habe. Als diese die Zahl mit drei angibt, fragt der Richter weiter: „Und alle sind von einem Vater?" „Seker doch", antwortete nun die Frau.
Aber nun wollte der Richter weiter wissen, wenn alle Kinder von ein und demselben Mann wären, warum sie ihn dann nicht heirate.
„Dat is't ja man," antwortete nun die Mutter, „de Mann is mien Vedder. Un dat hebben Se seker doch ok al hört, dat sall neet gesund wesen, wenn Vedder un Kusien heiraden."

Als Berta Löpmann heiratete, meinte der Vater: „Se hebben mi dat beste Peerd van Stall haalt." (Sie haben mir das beste Pferd aus dem Stall geholt.) Aber er war mit seinem Schwiegersohn durchaus einverstanden.
Als er nach dem Ergehen seiner Tochter gefragt wurde, antwortete er voller Stolz: „De hett dat best raakt (getroffen). Stell di vör, se hett völ Weideland un wall twintig (zwanzig) Hektar Ackerland. Se melkt anto dartig (dreißig) Kohje (Kühe), in Stall stahn sess (sechs) Peer un liggen teihn (zehn) Swien, se hett ..."

Doch weiter kam er nicht mit dem Aufzählen, denn der Gesprächspartner unterbrach ihn: „Un wat is mit hör Mann?" Nach kurzer Bedenkzeit kam es langsam von den Lippen Löpmanns: „An de mutt se sük dann ja wall mit de Tied wennen." (An den muß sie sich wohl mit der Zeit gewöhnen.)

Bei Olligs ist ein Kind geboren. Ein Nachbar kommt, um zu gratulieren. Er trifft den Großvater in der Küche, geht auf ihn zu und sagt: „Ik wull wall even graleern, dat bi jo 'n lüttje Jung upstahn is. Dür ik fragen: wo is 't mit de Lüttje, un in eerste Stee, wo geiht de Moder dat (wie geht's der Mutter)?" Der Alte bedenkt sich nicht lange und antwortet: „Melk satt (Milch satt)."

Frau Dirksen stillt ihr Kind. Der Hausarzt kommt dazu. Er lobt die Frau: „So is 't recht. Dat Beste in alltied noch Melk van de Moder. Un dann is dor noch wat bi! Kinner, de de Moderborst (Mutterbrust) kregen hebben, de kriegen ok 'n Modercharakter."
„Is dat so, Dokter? Un wenn dat so is, dann mussen vandaag ja de meeste Kinner 'n Kohcharakter kriegen (dann müssen heutzutage ja die meisten Kinder einen Kuhcharakter kriegen)."

Dr. Brüning war verstorben. Seine Witwe traf nach einiger Zeit ein Mädchen, das einmal bei der Arztfamilie in Stellung gewesen war. Frau Brüning erkundigte sich nach ihrem Ergehen, sie hätte gehört, daß sie geheiratet hätte.
„Wat hest du denn för 'n Mann kregen?" fragte sie.
Die junge Frau antwortete: „'n heel fixen Keerl."
„So, wat is he denn, wor erbeid't he?"
„Mien Mann is Schösteinfeger!"
„Wat? Schösteinfeger? Harst du dat neet beter raken (treffen) kunnt?"
„Dat will ik Hör seggen, Frau Brüning, 'n lebennige Schösteinfeger is mi alltied noch lever as 'n dode Dokter."

Im Hause Dreesmann wird Nachwuchs erwartet. Das Ereignis wird so lange wie möglich geheimgehalten vor dem dreijährigen Jungen. Doch eines Tages findet der lauter Babywäsche in einer Kommodenschublade und fragt den Vater danach. Der nimmt ihn auf den Schoß und fängt an, ihm zu erklären: „Weetst du, dat dürt neet mehr lang, dann kriggst du 'n lüttje Brör of 'n lüttje Süster. Du freist di doch seker dorto nett as ik. Man du dürst dat neet wiedervertellen. Dat mutt unner uns blieven." (Weißt du, das dauert nicht mehr lange, dann kriegst du einen kleinen Bruder oder eine kleine Schwester. Du freust dich sicher darüber genauso, wie ich. Aber das darfst du nicht weitererzählen. Das muß unter uns bleiben.)

An einem der nächsten Tage sitzt die Mutter in der Küche, der kleine Sibo spielt auf dem Fußboden. Da sagt die Mutter zu ihm: „Segg even, mien Jung, wat för Namen magst du denn lieden bi 'n Jung of bi 'n Wicht (Mädchen)?"

Sibo überlegt nicht lange: „'n Jung mutt Geerd heten, un 'n Wicht mutt Maike heten. De Namen mag ik am leevsten lieden."

Doch dann springt er auf, läuft schnurstracks zu seinem Vater und flüstert ihm ins Ohr: „Du, Vader, ik löv, Moder hett wat markt."

Pastor Holtermann hatte ein gestörtes Verhältnis zum weiblichen Geschlecht. Er blieb deswegen auch Zeit seines Lebens Junggeselle.

Bei einem Abendspaziergang bemerkte er, wie seine Magd und ein junger Mann im Schutz des Deiches miteinander schmusten. Er wurde verlegen, als die beiden aufschauten und ihn erblickten. Nun mußte er ja wohl etwas sagen, räusperte sich, wünschte einen guten Abend und fügte dann hinzu: „Wat ji dor mit 'n anner hebben, dor verstah ik nix van. Man dat mutt ik seggen, ji hebben dor moi Weer bi raakt (Sie haben dabei schönes Wetter angetroffen)."

Wer hat das Sagen im Haus?

„Mien Mann un ik bünt uns in all Dingen eenig, un dor gifft dat noit Skandaal bi uns", sagte Feke Feldkamp zu ihrer Nachbarin.
„Man dat verstah ik neet", entgegnete Reni Junker, „wo so wat angahn kann?"
„Och," meinte Frau Feldkamp, „dat is doch gar neet so stuur (schwer), man mutt dat blot recht indelen (einteilen)."
„Un wo hebben Ji dat indeelt?" wollte nun Frau Junker weiter wissen.
„Dat is so bi uns: in de lüttje Dingen hebb ik alls to seggen, un wat da grote Dingen angeiht, dat overlaat ik mien Mann, dor hett he dat Seggen."
„Un wat bünt dat för lüttje Dingen, de Du to beschicken hest?"
„Ja, weetst du, ik bestimm, wat 's middaags up Tafel kummt; ik sörg daför, dat de Kinner wat antotrecken hebben un wat se mal worden; ik deel dat Geld in, wat wi up Bank brengen un wor wi dat Geld, wat overblifft, för utgeven; ik sett fast, of wi in Urlaub fahren un worhen."
Sie wollte noch weitere Beispiele anführen, da fiel Reni Junker ihr ins Wort: „Man nu segg blot, wat blifft dann noch för Dien Mann over? Wat bünt de grote Dingen, wor he dat to seggen hett?" „Dor is noch so völ! Of wi hier 'n neei (neue) Autobahn kriegen, of d'r 'n Tunnel unner de Eems dör baut worden sall, well Bundeskanzler word un so wat all, dor steek ik mi neet tüsken, dor het mien Mann heel alleen dat Seggen."

Als die Bauersfrau Elske Diekhoff ihr Ende kommen sah, rief sie noch einmal ihren Mann, um alles zu ordnen und zu besprechen. Sie ermahnte ihn, im Herbst die Kuh zum Schlachter zu bringen und dafür das Kalb aus dem Vorjahr als Ersatz heranzuziehen. Im Frühjahr müßte er unbedingt eine Glucke setzen, aber diesmal nicht wieder mit Enteneiern. Und dann ordnete sie an, wie er das mit dem Ackerland halten und es bewirtschaften sollte.
Doch dagegen hatte er nun doch Bedenken und wollte sich vorsichtig dazu äußern.
Aber kaum hatte er zaghaft mit einigen Worten angesetzt, etwas zu sagen, fuhr sie ihn an: „Nu holl du di doch still! Gah ik dood of geihst du dood?" (Geh ich tot oder gehst du tot?)

Als zwei Arbeiter von der Arbeit kommen, unterhalten sie sich auf dem Nachhauseweg über ihren Ehestand. Tido berichtet davon, daß er mit seiner Frau öfter einen richtigen Ehekrach hat, und er freut sich anscheinend auch noch darüber. Sein Kollege widersetzt sich ihm, daß es so etwas bei ihm nicht gebe, da herrsche immer Eintracht und Friede.
Tido erläutert ihm nun, es komme ihm ja auch nicht auf den Streit an, sondern auf die Versöhnung hinterher. Das sei etwas vom Schönsten, was es überhaupt gebe, wenn man sich hinterher in den Armen liege und alles sei wieder gut.
Daraufhin wird Geerd neugierig und fragt, wie man so etwas anstellen müsse. Tido erklärt ihm, er könne es ja zunächst mal mit einem kleinen Streit versuchen. Als Geerd hartnäckig fragt, wie er das anstellen solle, sagt ihm Tido, er solle es mal mit einer handfesten Lüge versuchen. Da müsse sich doch von selbst Widerspruch ergeben.
Als Geerd nach Hause kommt, hängt er seine Mütze an einen Nagel und kommt in die Küche. Seine Frau springt auf, um das Teewasser aufzusetzen, der kleine Junge sitzt am Tisch und macht seine Schulaufgaben: „Auf – ab – Punkt. Auf – ab – Punkt", mit diesen Worten begleitet er seine Schreibübungen.

Als der Tee fertig ist und sie gemütlich zusammensitzen, braut sich ein Gewitter draußen zusammen, und plötzlich fängt es an zu regnen. Geerd bemerkt: „Nu mußt even kieken, wo dat regent. Dat Water guust (braust) di be Göten (Gossen) umhoog (nach oben)." Gespannt wartet Geerd auf die Wirkung seiner Behauptung, aber es geschieht nichts.

Er setzt noch einmal an mit dem, was er beobachtet, da schaut Tjark von seinen Schulaufgaben auf und entgegnet: „Vader, dat stimmt doch gar neet. Dat Water kummt van boven nadaal (herunter) un kruppt (kriecht) doch neet umhoog?"

Schon springt die Mutter auf, gibt dem Jungen eine gehörige Ohrfeige und fährt ihn an: „Wullt du di wall stillhollen? Vader hett alltied recht, mark di dat! So, un nu nehm dien Griffel un schriev wieder!"

(Willst du wohl still sein? Vater hat immer recht, merk dir das! So, und nun nimm deinen Griffel und schreib weiter!)

Von den Insulanern

Von den Insulanern wissen die ostfriesischen Festlandsbewohner natürlich, daß sie auch Ostfriesen sind. Sie selbst halten sich für die echten Ostfriesen aufgrund ihrer seemännischen Vergangenheit, aber auch wohl deswegen, weil sie auf der Abgeschiedenheit ihrer Inseln besondere Eigenschaften und Eigenarten bewahrt und auch entwickelt haben. Das drückt sich auch in ihrer Sprache aus. Durch den Fremdenverkehr entwickeln sie sich heute in eine andere Richtung, wobei ihnen nachgesagt wird, daß sie ihrer Seeräubertradition weithin treu bleiben.

Nicht von ungefähr stammt sicherlich auch die Redensart: „In Borkum ist alles anders", womit dann auch manches gerechtfertigt wird in ihrem Tun und Lassen. Gerade Badegästen gegenüber lassen sie sich nicht gern für dumm verkaufen, und wenn es schon darum geht, besorgen sie das lieber selber.

Als ein Borkumer in der Nachsaison von einem Badegast, der noch auf der Insel weilte, einmal gefragt wurde: „Sagen Sie, lieber Mann, was machen Sie denn hier so auf der Insel, wenn alle Badegäste fort sind?"

„Wat wi dann maken?" antwortete der Alte, „dat will ik Hör geern vertellen, dann smieten (werfen) wi de Sand van een Dün up de anner, un so vergeiht de Tied, bet dann in Sömmer de Badegasten weer komen."

Einmal äußerte sich ein Badegast, als seine Blicke über das Meer wanderten, zu einem Insulaner: „Kaum zu glauben, nichts als Wasser! Außer Wasser gibt es wohl nichts?"

„Doch", meinte nun Jan Meinen, „dat sücht blot so ut. Löven Se man, dor bünt ok Fissen tüsken (Glauben Sie nur, da sind auch Fische dazwischen)."

Zwei Berliner waren spät abends auf der Insel Norderney eingetroffen, als es schon dunkel war. Am nächsten Morgen machten sie ihren ersten Strandspaziergang. Es war Ebbe, und die beiden waren enttäuscht. Der eine sagte: „Wat denn, wat denn? Ik denk, dat is nur Wasser um so 'ne Insel herum. Aber dit hier, dat is ja nur lauter Schlieck und Schlamm."
Ein Korbvermieter hört das und erkennt auch sofort an der Sprache, woher der Sprecher kommt, und kontert: „Lövt (glaubt) ji denn, dat wi hier up de Insel wegen twee Berliners de Flood (Flut) anstellen?"

Der Philosoph Rudolf Eucken, aus Aurich stammend, erzählt in seinen „Lebenserinnerungen" eine Geschichte von der Insel Langeoog.
Ein Badegast ist höchst erstaunt, daß es auf dieser Insel keinen Arzt gibt. Er unterhält sich mit einem Insulaner und fragt ihn: „Und was ist, wenn nun jemandem von Euch ein schwerer Unfall zustößt, oder plötzlich trifft ihn eine schwere Krankheit?" Seelenruhig antwortete darauf der Mann von der Insel: „Ja, dann mutten wi uns egen Dood starven (unseren eigenen Tod sterben)."

Alle Menschen müssen sterben

In dem letzten Haus an der alten Deichstraße war Trauer eingekehrt. Zwar ging es dem alten Freerksen schon längere Zeit nicht gut, und er war schon seit einigen Wochen bettlägerig. Aber nun hatte er das Zeitliche gesegnet.
Der Ortspastor machte seinen Trauerbesuch und erkundigte sich dann auch bei Frau Freerksen, wie es dazu gekommen sei, daß ihr Mann eingeschlafen sei.
Die Frau erzählte, wie sie beide noch zu Mittag gegessen hätten. Sie wäre in der Küche gewesen, als sie die Stimme ihres Mannes vernahm: „Du, Geeske, ik much wall 'n Tass Tee." Sie habe ihn vertröstet, daß sie erst die Küche aufräumen müßte, dann wollte sie ihm gerne seinen Willen erfüllen. Nach einiger Zeit hätte ihr Mann gemahnt: „Wo word dat nu mit 'n Tass Tee?" Wieder hätte sie ihn hingehalten, sie müsse erst noch das Geschirr abwaschen. Dann wäre ihr Mann etwas energischer geworden: „Krieg ik nu mien Tass Tee of neet?"
Nun hätte sie sich natürlich beeilt, das Wasser aufgesetzt und dann zwei Tassen Tee eingeschenkt. Mit dem Tablett und den beiden Tassen wäre sie ins Schlafzimmer gegangen, ihr Mann hätte sie mit großen Augen angeschaut und dann gesagt: „So, nu kummst du mit Tee? Man dat will 'k di seggen, nu is 't to laat (spät)." Dann hätte er sich umgedreht un „so was he ok dood."
Der Pastor fragte nun weiter, ob sie sich deswegen etwa Vorwürfe machte. Darauf meinte sie ehrlich, daß sie immer damit gelebt hätte, daß ihr Mann auf seinen Willen bestand, und, wenn er den nicht bekam, konnte ihn nichts halten.
„Un nu denk ik, Herr Pestoor, dat weten se doch ok: Wenn

Tied un Stünn d'r is, dann helpt gien Dokter und gien Aptheker, man ok gien Tee. Un anners gungen de Oostfresen ja ok noit dood."

Der alte Geerd Everwien war sterbenskrank. Der Pastor machte ihm einen Krankenbesuch.
Anschließend saß er noch mit den Angehörigen in der Küche zusammen, um über den Zustand des Alten zu beraten. Die Unterhaltung fand im Flüsterton statt, damit der Kranke sie nicht verstehen könnte. Die Tür zum Schlafzimmer war nur leicht angelehnt.
Die Familie bewegte der Gedanke, wann sie wohl am besten ihr Schwein schlachten könnte. Man wollte nicht gerne, daß es Komplikationen gäbe mit dem Ableben des Großvaters. Man wurde sich einig, daß es am besten wäre, sich noch ein wenig Zeit zu lassen.
Doch da erscholl von nebenan die Stimme des Alten: „Man wenn ik d'r noch wat van hebben sall, dann word 't Tied (wird es Zeit)."

Ein Badegast auf einer kleinen Insel unterhält sich mit einem Einheimischen. Der Fremde erkundigt sich nach der ärztlichen Versorgung auf der Insel, wo es nur während der Saison einen Kurarzt gibt.
„Was machen Sie denn bloß im Winter, wenn mal einer krank wird und wenn es zum Sterben kommt?"
Der Insulaner antwortet: „Hier word gien een krank un geiht dood. Weten Se, wi hollen dor mehr van, so heel langsam van binnen utdrögen. Dor bruken wi gien Dokter to."

Als ein Kind ins Wasser gefallen ist, springt ein Mann hinterher und rettet das Kind vor dem Ertrinken. Er bringt es mit viel Mühe ans Ufer, nimmt es auf den Arm und trägt es zur Mutter hin, die inzwischen herbeigelaufen kam. Die Mutter ist selig, daß sie ihr Kind wiederhat, weiß aber nicht, wie sie wohl ihren Dank in die rechten Worte fassen soll.

Aber sagen muß sie doch etwas! Schließlich bringt sie nur dies hervor:
„Un de Mütz van de Jung, wor is sien Mütz?" – Es war ihr nicht anders möglich, als auf diese Art ihre Gemütsbewegung zum Ausdruck zu bringen.

Pastor Voget von Holthusen war seit einiger Zeit in den Ruhestand gegangen. Er verbrachte seine Zeit vornehmlich damit, daß er nach den Beschreibungen der Offenbarung die himmlische Stadt Jerusalem mit den vorhandenen Mitteln aufbaute, die er dann auch gerne seinen Besuchern zeigte. Jerusalem, das war die Stadt mit den goldenen Gassen, und die Mauern waren aus verschiedenem Edelgestein gebaut, und die zwölf Tore bestanden aus lauter Perlen.
Als einmal ein Landbewohner bei ihm einkehrte, zeigte er ihm auch alle Herrlichkeiten, die einmal auf uns warten, wenn wir in dieses Jerusalem einziehen dürfen.
Der Besucher machte ein nachdenkliches Gesicht und fragte schließlich den alten Herrn, ob er denn meine, daß einmal alle Menschen in dieser einen Stadt unterkommen könnten.
Pastor Voget bedachte sich nicht lange und meinte dann zögernd: „Ja, wenn dat so komen sull, dann mutten viellicht ok 'n paar up 't Land trecken."
Darauf sagte der Besucher: „Dann will ik hopen, dat ik dorto hör. Ik wull de Ewigkeit doch lever up't Land as in so 'n golden Stadt tobrengen."

Evertohm lag auf dem Sterbebett. Er war immer ein frommer Mann gewesen, war fleißig zur Kirche gegangen und liebte in ihr besonders die Orgelmusik. Für seine Frau war gerade das ein Grund, nicht zur Kirche zu gehen. Sie behauptete: „Wenn ik de Örgel man hör, word mi al heel anners to", und mied daher den Kirchenbesuch.
Der alte Mann lag in seinen Kissen und war viel mit seinen Gedanken unterwegs. Wenn seine Frau ihn ansprechen

wollte, wehrte er sie oft ab: „Nu wees doch still! Laat mi doch!"
Manchmal meinte er, in der Ferne Musik zu hören. Dann lag er besonders still da. Wenn seine Frau ihn nun störte, wurde er geradezu heftig, wenn er sie abwies.
Einmal fragte sie schnippisch: „Du hörst seker weer Musik?"
„Ja", antwortete er, „Musik van de Himmel. Dat bünt seker David sien Harfenspölers."
Da fuhr die Alte auf: „Dat nömst du David sien Harfenspölers? Dat is uns Nahbers Jung Luudje, de spölt up sien Mundörgel." („Das nennst du Davids Harfenspiel? Das ist unser Nachbarsjunge Luudje, der spielt auf seiner Mundharmonika.")

Von Soldaten

Rikus mußte zur Musterung. Er war ein kräftiger und gesunder Junge, den man für alle Waffengattungen gebrauchen konnte. Als er gefragt wurde, ob er einen Wunsch hätte, wo er seinen Dienst am liebsten tun würde, antwortete er: „Bi de Marin (Marine)."
Nun wurde er weiter gefragt, ob er auch schwimmen könnte. Verdutzt fragte er zurück: „Wat hett dat dor dann mit to doon? Ik doch, bi de Marin hebben se Schippen!" (Was hat das denn damit zu tun? Ich dachte, bei der Marine haben sie Schiffe!)

Als es bei Diekmanns Spargel zu essen gab, fragte der 17jährige Sohn erstaunt und ablehnend: „Wat sall dat dann wesen? Dat is doch wall gien Eten?"
Seine Mutter antwortete: „'t word Tied, dat du bi 't Bund kummst, de sölen di 't Spargel eten wall bibrengen."

„Wat maakt Remmert dann?" wollte Frau Heikes von ihrer Nachbarin wissen, „gefallt hum dat bi de Soldaten?"
„Un of!" antwortete Frau Diddens, „he hett lesdens (neulich) eerst schreven. He is d'r noch man 'n paar Maand (Monate) bi un is nu al befördert."
„Befördert, seggst du, wat is he dann worden?"
„He is Gefreiter!"
„Gefreiter, wat is dat dann?"
„Ja, dat weet ik ok neet so genau. Man he hört nu al to de Hogen. Dat kann man doran sehn, dat he al 'n paar annern unner sük hett, de mutten hum hören." (Ja, das weiß ich auch nicht so genau. Aber er gehört nun schon zu den Ho-

hen. Das kann man daran sehen, daß er schon ein paar andere unter sich hat, die müssen ihm gehorchen.)
„Un dor freist du di to? Dor harr ik Nood bi. Weetst du dat dann neet? Wenn 't mal Krieg gifft, dann scheten se toeerst alltied up de Hogen!" („Und da freust du dich darüber? Da hätte ich Angst dabei. Weißt du das denn nicht? Wenn's mal Krieg gibt, dann schießen sie zuerst doch immer auf die Hohen.")

Es war Manöver. Harm un Hinni paßten gut auf, daß sie nach Möglichkeit immer zusammenblieben. Sie hatten auch diesmal Glück und mußten gemeinsam eine Wache beziehen.
Aber wo sie Wache standen, da war nichts los. Es rührte sich weder Freund noch Feind. Da sagte Harm: „Kumm, Hinni, wi leggen uns hier an Slootswall (Ufer des Grabens) un slapen 'n Settje."
Das dauerte nicht lange, und sie schliefen ein. Doch dann kam ein Offizier zur Kontrolle. Der ließ die Schläfer aufwecken und stellte sie zur Rede. Er fragte sie, was sie wohl meinten, wie es im Ernstfall zugehen würde, da müßte jeder auf seinem Posten sein. „Man dit is doch blot Spöleree (Spielerei)", antwortete Hinni. „Un wi spölen mit, wi beiden spölen de Doden – of gifft dat, wenn Krieg is, gien Doden?"

Menschliches, allzu Menschliches

Frau Ackermann klagt einem Arzt ihre Beschwerden. Sie hat oft Leibschmerzen. Der Arzt untersucht sie daraufhin und fragt dann unter anderem: „Lieden (leiden) Se ok wall is an Buukwinden (Blähungen)?"
Die Patientin errötet schamhaft und entgegnet: „Dat kann ik neet seggen, dat ik dor unner lieden doo, un wenn ik de Wahrheid seggen dür, dor frei (freue) ik mi alltied to, dat gifft alltied so 'n Verlichten (Erleichterung)."

Auch Dreke Swieter wird mit ähnlichen Beschwerden beim Arzt vorstellig und erzählt dem Arzt umständlich von kullernden Geräuschen in seinem Bauch. Der Arzt drückt da und dort auf die Bauchdecke, ob er etwas entdecken kann.
Auf einmal widerfährt Swieter hörbar etwas Menschliches. Ärgerlich dreht er sich ein wenig nach rückwärts und knurrt: „*Du* hollst di still, *ik* proot mit Dokter."
Aber der Arzt beschwichtigt ihn und versucht ihm deutlich zu machen, daß auch solche Töne durchaus zu einer richtigen Diagnose beitragen können.

Freerk Bohlen hat Übergewicht und demzufolge allerlei Beschwernisse. Als er den Arzt aufsucht, fragt der ihn, wieviel er denn am Tage esse. Da kam allerhand zusammen, so daß der Arzt dem Patienten nur sagen konnte: „Wat Hör fehlt? Dat will ik Hör seggen. Hör fehlt 'n tweede Mors (zweiter Hintern), een kann dor neet tegen (gegen) an."

Klaas Kuiper machte nach dem Mittagessen einen ausgedehnten Spaziergang. Da er sich allein in Gottes freier Natur glaubte, ließ er auch Dingen freien Lauf, bei denen sonst Anstand und Sitte Zurückhaltung gebieten.
Und jedes Mal empfand er dabei eine besondere Wohltat, der er laut Ausdruck verlieh. War er eine Blähung mit Bravour losgeworden, trumpfte er auf: „Wat 'n Verlichten (Erleichterung)!"
Das war schon verschiedene Male geschehen, als er um sich schaute und bemerkte, daß in gar nicht großem Abstand sein Ortspastor ihm folgte, der ihn dann auch bald einholte. Etwas verlegen erkundigte sich Kuiper, wie lange der geistliche Herr ihm so unmittelbar gefolgt war. Der antwortete: „Ik denk, ik hebb dat so wat dreemal mitkregen, dat Se 'n Verlichten hadd hebben."

An Deck eines Schiffes gibt der Kapitän die entsprechenden Kommandos, damit sein Schiff die richtigen Bewegungen macht, um längsseits an der Kaimauer anzulegen. Ein solches Manöver ist gar nicht so einfach.
„'n lüttje Slag vörut – man heel langsam!" („Ein kleines Stück vorwärts – aber ganz langsam!") Die Antwort des Maschinisten läßt nicht lange auf sich warten: „Slag vörut – heel langsam."
„Stop! Stop! 'n lüttje Slag rüggels – man heel langsam!"
Aus dem Maschinenraum ertönt das Echo: „'n lüttje Slag rüggels – man heel langsam!"
Eine Zeitlang geht es so weiter, die Kommandos werden energischer, die Antworten unwirsch, bis der Kapitän noch einmal brüllt: „Stooopp! So is't good, man noch 'n lüttje Slag vörut – man heel langsam."
Aber dieses Mal reißt dem Maschinisten die Geduld, und er ruft zurück: „Du kannst mi mal an Mors kleien – man dat segg ik di – heel, heel langsam!" (Du kannst mich mal ... – aber das sag ich dir – ganz, ganz langsam!)

Bauer Harms hat sich einen neuen Anzug machen lassen. Als ihm der ins Haus geliefert wird, ist ihm die Hose zu eng, er kann sie nicht zuknöpfen.
Er schickt seinen Knecht zum Schneider und läßt ihm sagen: „De Büxen passt neet, de mutt annert (geändert) worden."
Der Knecht kommt darauf mit dem Bescheid zurück: „De Snieder hett seggt, dat liggt neet an de Büx, man an Hör dicke Mors."

Frau Poppinga geht für mehrere Wochen auf Reisen. Ihrer Haushälterin empfiehlt sie besonders die Pflege ihres Papageis, den sie sehr liebt.
Als sie zurückkommt, schaut sie zuerst nach dem Papagei und begrüßt ihn aufs Herzlichste.
„Lorchen", sagt sie, „armes Lorchen, wie hast du denn die lange Zeit überstanden? Und freust du dich nun, daß Frauchen wieder da ist?"
Der Papagei schaut sie an, sagt aber zunächst nichts.
Frau Poppinga versucht es von Neuem, ihn zu begrüßen und ihm eins der Worte oder Redensarten zu entlocken, die sie ihm im Laufe der Zeit beigebracht hat.
„Sag mir doch wenigstens ‚Guten Tag', Lorchen." Schließlich öffnet der Vogel seinen Schnabel und krächzt: „Lick mi an Mors!"
Die Hausherrin ist empört über diese Redensart, die sie nur von ungebildeten Leuten kennt. Sie ruft die Haushälterin und fragt sie: „Wie kommt das Tier nur zu einer solchen Redensart? Wer hat ihm denn so etwas beigebracht?"
Darauf antwortet Antje: „Wo sall ik dat weten? Dat mutt he sük wall sülst utdocht hebben." (Woher soll ich das wissen? Das muß er sich wohl selbst ausgedacht haben.)

Trientjemöh geht zur Wahl. Kurz vor dem Wahllokal gleitet sie aus und fällt hin. Sofort eilen von den verschiedenen Parteien Männer ihr zur Hilfe.
Der als erster an der Unfallstelle ist, hebt die alte Frau auf,

und die bedankt sich aufs Herzlichste und fragt: „Wo kann ik dat weer goodmaken?"
„Och", sagt der Helfer, „dat is heel eenfach. Kieken Sie man, de dree grote Letters (Buchstaben), dat is mien Partei. De wählen Se man."
Trientjemöh setzt ihre Brille auf und studiert die Buchstaben. Dann sagt sie ganz entsetzt zu ihrem Wohltäter: „Man ik bün doch blot up mien Mors fallen un neet up mien Kopp!"

Bei der Besichtigung des Pfarrhauses, in das ich einziehen sollte, reklamierte meine Mutter bei dem Kirchenrat den Zustand der Toilette. Bei ihren Änderungs- und Verschönerungsvorschlägen stieß sie auf wenig Verständnis. Die Herren beriefen sich darauf, daß von meinem Vorgänger nie ein Wunsch in der Richtung geäußert worden wäre. Sie schlössen daraus, daß er mit den Verhältnissen zufrieden gewesen und zurechtgekommen wäre.
Meine Mutter riskierte noch einen letzten Vorstoß: „Wenn dat so blifft, as dat nu is, dann kann mien Jung dor neet mit Pläseer upgahn." (Wenn das bleibt, wie das jetzt ist, dann kann mein Junge da nicht mit Vergnügen drauf gehen.)
Dieses Argument schlug durch, und die Anlage erhielt wenigstens einen neuen Anstrich.

In früheren Zeiten war es mit diesem „stillen Ort" auch in der Öffentlichkeit nicht gut bestellt. Es mußten Bestimmungen erlassen werden, die diese Angelegenheit regelten.
Bei einer entsprechenden Inspektionsreise kam Landrat Swieters in eine Dorfkneipe. Nachdem er dort etwas gegessen und getrunken hatte, erkundigte er sich bei der Wirtin nach einer Möglichkeit, mal eben zu verschwinden.
Sie führte ihn durch einen dunklen Korridor, schob dann einen Vorhang zurück, hinter dem eine große Tür mit der Aufschrift „Hier" prangte. Sie überreichte dem Landrat einen Schlüssel und zog sich diskret zurück.
Der Landrat hielt sich dort eine Weile auf, kam befriedigt

zurück und sparte nicht mit anerkennenden Worten: „So 'n moi Gemack (Gemach, Kammer) hebb ik lang neet sehn. Alls so moi in Farv, witte Gardinen vör 't Fenster, 'n neei Matte up Footdeel – ik hebb mi dor föhlt as in de beste Kamer."

„Wat Wunner ok", sagte Frau Picksack, „ick holl dat fein up Stee un laat dor ok anners nüms hen. Blot wenn so 'n hoge Deer kummt as Se, Herr Landrat, dann mutt ik ja wall 'n Utnahm maken."

(„Kein Wunder, ich halte das auch fein in Ordnung und laß da niemand anders hin. Bloß wenn so ein hohes Tier kommt wie Sie, Herr Landrat, dann muß ich ja wohl mal eine Ausnahme machen.")

Oh, diese Ostfriesen!

Vor dem Amtsgericht

Man traute Hinni Lammers einiges zu. Es gab immer wieder Ungereimtheiten im Dorf, die nie aufgeklärt wurden. Immer hatte Lammers seine Hand im Spiel, so konnte man vermuten, aber nachzuweisen war ihm nichts.

Doch einmal waren die Verdachtsmomente gegen ihn so groß, daß man ihn wegen Diebstahls von Hühnern zur Anzeige brachte. Bei seiner Vernehmung kam nicht viel heraus, was Licht ins Dunkel bringen konnte. Der Richter trieb ihn immer wieder in die Enge, aber jedesmal fand er auch ein Schlupfloch, durch das er entwischte.

Schließlich wurde der Richter ärgerlich und fragte Lammers rundheraus: „Hebben Sie dann Tügen (Zeugen) för dat, wat Se uns hier vertellen (erzählen)?"

Darauf wurde nun auch der Angeklagte aufgebracht und antwortete: „Wat sall de ewige Fragerree? Van Höhnerklauen (Hühnerstehlen) verstahn Se overhoopt nix. Wenn man so wat vörhett, dann nimmt man doch gien Tügen mit!"

Liebe zu Schwester Töbke

Der kleine Kobus hatte sich die Finger verbrannt. Jeden Tag kam die Gemeindeschwester, um ihn zu verbinden. Das ging nicht ganz ohne Schmerzen ab.

Als Schwester Töbke wieder einkehrte in dem Elternhaus, war Kobus verschwunden und nicht aufzufinden. Nun fing das große Suchen an, und alle im Hause riefen den Namen des Jungen.

Schließlich entdeckte ihn sein Großvater in seinem Versteck, nahm ihn bei der Hand und redete ihm gut zu: „Du weetst doch, wo leev dat Schwester Töbke is."
Darauf antwortete Kobus: „Verbrann du man mal dien Fingers, dann much ik wall sehn, of du Schwester Töbke dann noch lieden magst!"

Keinen Spass vertragen

Bauer Mansholt geht übers Land und kommt dabei an einen breiten Graben. Ob er da wohl hinüberkommt? Er macht einen gewaltigen Anlauf, sendet ein Stoßgebet zum Himmel: „Leve Heer, help mi" und erreicht glücklich das andere Ufer. Dabei murmelt er vor sich hin: „Dat harr ik ok alleen schiert (das hätte ich auch alleine geschafft)." In demselben Augenblick kommt er ins Rutschen und fällt rücklings in den Wassergraben. Jetzt murmelt er: „Leve Heer, dat du ok gar gien Spaß verdragen kannst!"

Der Vorsänger

In früheren Jahren gab es in einzelnen Kirchen kein Musikinstrument. Dafür wurde ein Kantor, meistens der Lehrer des Ortes, bestellt, der die Lieder vorzusagen und vor allen Dingen vorzusingen pflegte.
Einmal sollte ein Lied gesungen werden nach der Melodie: „Nun ruhen alle Wälder", aber der Kantor hatte seine Brille vergessen und geriet in Verlegenheit, weil er ohne Brille nicht lesen konnte. Er erklärte der Gemeinde die Situation mit der Bemerkung: „Ich suche meine Brille", und prompt stimmte die Gemeinde mit diesen Worten die bekannte Melodie an. Aufgeregt fuhr der Kantor dazwischen: „Ihr Leute, seid doch stille", mit demselben Ergebnis. Er fügte noch hinzu: „Es war nicht so gemeint", und auch diese Zeile fügte sich nahtlos der Melodie an.
Nun war er's leid und versuchte dem Ganzen ein Ende zu bereiten: „Wenn ji nu neet still bünt, dann laat de Brill blie-

ven, wor he is", schaute zur Kanzel hinauf und forderte den Prediger auf: „Pestoor, am besten, Se fangen mit Hör Preken an!"

AM FLIESSBAND ARBEITEN

„Ik hebb hört, dat du nu ok Arbeid hest. Wor arbeidst du dann?"
„Bi VW in Emden."
„Un wat maakst du dor?"
„Ik arbeid dor an Band."
„Keerl, büst du verrückt worden? An Band? Nee, dann will ik lever sünner (ohne) Arbeid blieven un freei herumlopen."

NICHT BIS ZWEI ZÄHLEN

Frau Swieter hatte ihrer Nachbarin vor einigen Tagen zwei Eier geliehen. Jetzt schickte sie ihren Jungen, und der brachte ihr mit einem freundlichen Gruß und Dank von seiner Mutter ein Ei zurück.
Als die beiden Nachbarinnen sich das nächste Mal trafen, sagte Frau Swieter: „Du, ik hebb di doch twee Eier lehnt. Worum stürst du mi dann blot een torügg?"
„So? Hebb ik dat? Dann mutt ik mi wall vertellt (verzählt) hebben."

BESSERES WETTER

In dem Wohnzimmer hing ein Bild „Gewitter über dem Moor." Die Hausgehilfin stand in Gedanken verloren davor. „Gefallt di dat Bild?" fragte Frau Meyering.
Anstatt darauf zu antworten, fragte Kea zurück: „Seggen Se is, wat hett dat Bild köst (gekostet)?"
Sie bekam Bescheid, das Bild stamme von einem bekannten Maler und es hätte 300 Mark gekostet.
Darauf bemerkte Kea: „So, dreehunnert Mark? Wenn ik

mien Menen (Meinung) darto seggen dür, harr de Keerl vör so völ Geld woll 'n bietje mojer Weer (schöneres Wetter) malen kunnt!"

Immer dasselbe

Tammo und Hilko sind im Zoo und amüsieren sich köstlich über die Affen.
Tammo sagt: „Du, weetst wat? Wenn ik noch mal up de Welt koom, dann wull ik wall 'n Aap wesen!"
Darauf antwortet Hilko: „Beters (Besseres) fallt di wall neet in. Dat is ja langwielig, alltied datsülvige!"

Un ob ich den kenne

„Du kennst doch seker ok Tido Remmers?"
„Ja, seker kenn ik de. De kenn ik heel good, ik hebb hum vör dree Daag noch twintig Mark lehnt."
„So, hest du dat? Man du säst doch, du kennst hum?"

Die arme Frau

Zu mir kam ab und zu eine Frau, die wohnte in der Barakkensiedlung am Rande der Stadt, wo die Bewohner häufig wechselten, so daß man sie nicht so genau kennen konnte. Darauf spekulierte auch diese Frau, wenn sie ihr Klagelied bei mir anstimmte.
„Herr Pestoor, Se könen sük dor ja indenken, wo dat is, de Mann is dood, fiev lüttje Kinner hebben nix um of an."
Bevor sie ihr Elend noch weiter schildern konnte, versuchte ich sie mit einem Geldbetrag loszuwerden. Aber in gewissen Abständen kam sie immer wieder: „Herr Pestoor, wat is't'n Elend, wenn de Mann d'r neet mehr is un för de Kinnerkes hett man neet rechtschapen wat to eten ...."
Aber einmal hatte sie einen anderen Vers darauf und begann: „Herr Pestoor, mit mien Mann geiht dat bestimmt to Enn, he is so minn (mager), dat maakt he neet mehr lang.

He dürt ok neet alls eten (er kann auch nicht alles essen) ..."
„Man, leve Frau", sagte ich, „Se hebben mi doch anners vertellt, dat Hör Mann dood was?"
„So, hebb ik dat? Dor könen Se an sehn, man kummt d'r heel dörhen bi all dat Elend, dat man mitmaken mutt (man kommt da ganz durcheinander bei all dem Elend, das man mitmachen muß)."

Zu faul zu laufen

Auf einer Baustelle mußten Balken abgeladen und an eine bestimmte Stelle transportiert werden. Die Arbeiter nahmen immer zwei Balken auf einmal auf ihre Schultern, nur Hanno Haken ließ es mit einem gut sein. Da rief ihn der Werksmeister, der die Aufsicht führte: „Hör eevkes, worum draggst du blot een Balken? De annern hebben alltied twee up hör Schullers." (Hör mal, warum trägst du bloß einen Balken? Die anderen haben immer zwei auf ihren Schultern.)
Darauf ließ Haken sich nicht ein, sondern konterte: „Dat is nu mal so. Ik will Hör wat seggen, de Lü bünt to lei, tweemal to lopen." (Ich will Ihnen was sagen, die Leute sind zu faul, zweimal zu laufen.)

Der dumme Apotheker

Ein Bauer wollte hohe Arztrechnungen möglichst vermeiden. Er ging lieber gleich zur Apotheke und holte sich dort Rat und kaufte Tabletten, die man ohne Rezept bekommen konnte.
Als es aber nicht besser wurde mit seiner Erkrankung, suchte er doch eines Tages das Sprechzimmer des Arztes auf. Der fragte ihn aus, wie lange er schon Beschwerden und was er dagegen gemacht hätte.
Er berichtete auch treu, daß er schon Wochen zum Apotheker gehe und sich von ihm beraten lasse. Und nun wollte

der Arzt Genaueres wissen und fragte weiter: „Un wat hett de dumme Aptheker Hör anraden?" Der Patient antwortete: „He hett seggt, ik sull man na Hör hengahn (ich soll mal zu Ihnen gehen)."

Es war meine Schuldigkeit

Ein Pastor besuchte jedes Jahr zum Geburtstag eine alte Dame, die geistig nicht mehr auf der Höhe war. Aber den Familienangehörigen lag viel an diesem Besuch, und sie meinten, auch die alte Tante habe etwas davon.
Diese Besuche liefen nach folgendem Ritual ab. Es wurde reichlich Tee getrunken und Kuchen gegessen, und dann bekam der Pastor das Zeichen: „Nu is dat so wied."
Dann gab er einen gewaltigen Pruster von sich „Hatschiiiii!" Erschreckt fuhr Tante Lini aus ihren Träumen auf und sagte fast in liturgischem Tonfall: „Gesundheit!" Darauf mußte der Pastor mit seinem lauten „Danke" antworten, worauf Tante Lini immer sagte: „'t was ok mien Schülligkeit (Das gehört sich doch wohl auch für mich)".
Wenn sich dieses einige Male wiederholt hatte, hatte der Pastor seine „Schuldigkeit" getan und durfte sich verabschieden.

Verlegenheit

Aeilt Karper hatte beim Kirchgang seine Mütze vergessen. Er merkte es erst, als er an seinem Platz in der Bank stand und das stille Gebet sprechen wollte. Dazu pflegen die Männer ihre Mützen vor's Gesicht zu halten. Nun fehlte ihm auf einmal die Mütze.
Kurz entschlossen wandte er sich an seinen Nachbarn, der mit ihm die Kirchenbank betreten hatte und fragte: „Dür ik even bi di mit inbeden? (Darf ich eben bei dir mit einbeten)".

Das zähe Stück Fleisch

Nach dem Torfgraben sollte es bei Diekens ein ordentliches Essen geben für die hungrigen Mägen. Frau Dieken kochte einen großen Topf voll Gulasch und tat zum Schluß noch die Fleischreste und Speckstücke dazu, die vom letzten Sonntagsbraten übriggeblieben waren. Auch der Arzt, der gerade vorbeikam, wurde freundlich eingeladen und setzte sich mit an den Tisch. Alle langten kräftig zu, wobei sich der Doktor ein schönes Stück Fleisch aus dem Topf angelte. Er kaute daran herum, aber es war zäh wie Leder. Dieken beobachtete das und sagte zu ihm: „Dat Stück laten Se man liggen un smieten dat weer torügg in Pott, dat döggt nix, dat hebb ik verleden Sönndag ok al mal up mien Teller hadd."
(Das Stück lassen Sie nur liegen und schmeißen es wieder zurück in den Topf, das taugt nichts, das hab ich vergangenen Sonntag auch schon auf meinem Teller gehabt.)

Schwierige Orthographie

Zwei Schüler unterhalten sich über die Schwierigkeit, wann etwas groß und wann es klein geschrieben werden muß.
„Och", meinte der eine: „Dat is doch heel eenfach. Heel eenfach is dat. Dat is so: wenn ik wat anfaten kann, dann schriev ik dat groot, un wenn ik dat neet anfaten kann, dann schriev ik dat lüttjet (klein)."
„Man dat mußt du mi noch düdelker maken. Wo mutt ik dormit an, wenn ik schrieven sall: ‚Die Katze sitzt hinterm Ofen.'"
„Ja, dat hebben wi futt (gleich). 'n Katte kann man anfaten, un so schriffst du dat groot. ‚sitzt', dat kannst du neet anfaten, dann schriffst du dat lüttjet. ‚Hintern', dat deist du neet geern, man dat kannst du anfaten, un so schrifft man dat ok groot. Un dann kummt ‚Ofen', ja, dat is nu ja so wat, wenn 't Winter is, kannst de neet anfaten, man bi Sömmerdag wall."

„Un wo mutt ik dor nu mit an, is dor dann sömmers un winters 'n Unnerscheed un word dat eenmal so un annermal so schreven?"
„Dor hebben wi de Schiet – 't was, löv ik, am besten, all Woorden (Wörter) wurren groot of all Woorden würden lüttjet schreven, man so is dor ja gien Dörfinnen (Durchfinden)."

Ab heute heissen Sie Meyer

Die Schiffswerft Meyer in Papenburg hat einen guten Ruf. Tausende von Arbeitern sind dort beschäftigt. Die Werft wurde vor fast 200 Jahren von einem Willm Rolf Meyer gegründet. Aber der hieß ursprünglich Janssen und war evangelisch.
Als der Schiffszimmermann Janssen auf den Gedanken kam, eine eigene kleine Werft zu gründen, überschritt er die Grenze von Ostfriesland zum überwiegend katholischen Emsland, um in Papenburg sein Glück zu versuchen. Er meldete sich bei dem Papenburger Ortspastor, der das Einwohnerregister führte. Der war mit seinem Zuzug und seinen Plänen einverstanden, erklärte aber kategorisch: „Janssens hebb ik al genug in de Gemeent. Van vandaag (heute) of an heten ji Meyer, markt jo dat good, un ji bünt neet mehr evangelisch, man van nu of an katholsk!"

Leicht zu erkennen

Ein Handelsmann suchte einen Bauern auf, um einen Kauf zu tätigen. In der Küche bekam er von der Hausfrau Bescheid, ihr Mann wäre wohl im Stall.
„Und wo soll ich ihn suchen?" fragte der Händler.
„Och", erwiderte die Frau, „dat is heel eenfach. He is upstünds (zur Zeit) bi die Swien un is d'r licht uttofinnen (herauszufinden) – he hett 'n Pool (Mütze) up Kopp!"

Nero hat sich geirrt

Eine Dame von auffallend magerer Gestalt kommt auf einen Bauernhof. Da springt ihr der Hofhund entgegen und schnüffelt an ihren Beinen herum. Empört ruft sie dem Bauern zu: „Nun halten Sie doch Ihren Hund fest!"
Der Bauer pfeift seinen Hund zurück und sagt zu ihm: „Ik löv, Nero, du versüchst di. Dat bünt gien Knaken, dat bünt Been."
„Was haben Sie zu dem Hund gesagt?" will nun die Dame wissen.
„Och", antwortet der Bauer, „ich habe ihn nur auf den Unterschied hingewiesen zwischen Knochen und Beinen."

Er kann sich das leisten

„Du, ik verstah dat neet", sagt Kasjen zu seinem Freund, „dien Jung, de leevt, as kunn he 't neet upkriegen. Alltied is he mit Auto unnerwegens, un du löppst di de Hacken of; he rookt dicke Zigarren un du smökst alltied de billigste Tabak in dien Piepke; dat Fienste un Moiste an Kledaasje (Kleidung) is hum nett good genug, un du löppst blot in dien Warkeldagstüg (Werktagskleidung) herum. Wo riemt sük dat (Wie reimt sich das)?"
„Ja", sagt Jelto Meyering, „dat is so: mien Jung hett 'n rieke Vader, un dorum kann he sük dat leisten, man mi fehlt de rieke Vader."

Liebe zur Heimat

Ein Ostfriese war nach Amerika ausgewandert. Nach langen Jahren der Abwesenheit besuchte er seine Heimat. Er erzählte Bekannten und Verwandten von Amerika, was er dort erlebt und was er erreicht hatte. Er war Besitzer einer großen Farm geworden und hatte ein gutgehendes Geschäft. Schließlich fragte ihn sein Freund: „Un wenn du kunnst, wat du am leevsten muchst, wor wullst du dann le-

ver wesen dor – günners in Amerika of hier in Oostfreesland?" (Und wenn du könntest, was du am liebsten möchtest, wo wolltest du dann lieber sein – dort drüben in Amerika oder hier in Ostfriesland?)
Der fragte daraufhin nur zurück: „Wor hebb ik up Knickers spölt (wo habe ich mit Marmeln gespielt)?"

Nachdenkliche Einsamkeit

Ein Schäfer hütete seine Schafe. Dabei konnte er stundenlang auf seinem Stock gestützt in die Ferne schauen. Abwechselnd ließ er seine Augen über die Herde gehen und dann ließ er seine Blicke wieder bis an den Horizont schweifen.
Ein Spaziergänger, wohl ein Professor aus der nahegelegenen Stadt, kam just dort vorbei, sah den Schäfer, aber sprach ihn nicht an, weil er ihn in seiner nachdenklichen Haltung nicht stören wollte.
Als er nach Stunden zurückkam, stand der Schäfer immer noch auf demselben Fleck mit derselben Gebärde. Nun trat der Professor doch an ihn heran, entschuldigte sich für die Störung und konnte die Frage nicht unterdrücken: „Sagen Sie mal, mein Lieber, was denken Sie denn die ganze Zeit, wenn Sie hier so stehen?"
Der Schäfer rührte sich auch jetzt kaum, wandte dem neugierigen Frager nur sein Gesicht zu und fragte zurück: „Bünt Se dann so dumm, dat Se alltied denken mutten?" (Sind Sie denn so dumm, daß Sie immer denken müssen?)

Landschaften des Humors

Roland Hill
Typisch irisch
Ein vergnüglicher Reiseführer
Band 1210, 144 Seiten

Klaus Mampell
Typisch französisch
Amüsantes von unseren Nachbarn
Band 1211, 125 Seiten

Klaus Mampell
Typisch amerikanisch
Heitere Rundreise durch die USA
Band 1351, 126 Seiten

Horst Schlitter
Typisch italienisch
Ein heiterer Reiseführer zu
unseren südlichen Nachbarn
Band 1538, 123 Seiten

J. Lion
Typisch österreichisch
Hintergründig-Heiteres aus der
Alpenrepublik
Band 1606, 158 Seiten

Herder Taschenbuch Verlag

Von Pastor Gerrit Herlyn, dem weit über die Grenzen Ostfrieslands hinaus bekannten Verfasser dieses Buches, erschienen bisher über zwanzig Veröffentlichungen in plattdeutscher und hochdeutscher Sprache. – Es handelt sich dabei um ernste und heitere Kurzgeschichten, Lebensbilder, Rundfunkandachten und um die Auslegung von Bibeltexten, darunter das Neue Testament und die Psalmen in plattdeutscher Sprache.

In hochdeutscher Sprache erschienen u. a.:

Nicht vom Brot allein ...
Hinter Gottes Angesicht?
Wunderanfang – herrlich Ende
Ich will Euch trösten,
wie einen seine Mutter tröstet
Daß wieder Weihnachten werde ...

In plattdeutscher Sprache u. a.:

Dat Neei Testament
Pessalms
Schipperbaas
Pestoor is 'n Lümmel
Mien Wiehnachtsbook

Ausführliche Informationen enthält der Verlagskatalog, der kostenlos angefordert werden kann von

VERLAG H. RISIUS – 2952 WEENER (EMS)
Risiusstraße 6–8